学诗可以情飞扬、志高昂、人灵秀。

——引自 2013 年 3 月 7 日习近平在中央党校建校 80 周年大会上的讲话

（十级）

学术顾问： 周笃文
书名题字： 陈洪武
主　　编： 刘锦文　康守永
副 主 编： 王汉文　王艳芬　乔　维　满在莉
本册编委：（以姓氏笔画为序）

王凤玉　王萍萍　毛莎莎　左　萍　白　艳　白赛玲
朱文文　乔　峰　刘艳茹　刘艳娥　刘焕焕　师　文
苏海霞　李生平　李　苏　李宏发　李　娜　李　萍
李梅芳　李　楠　李　颖　张玉霞　张丽霞　陈艳美
武　军　周　华　郑苏维　赵世鹏　姚红侠　高　菊
郭坤峰　黄世新　程红丽　强　强

艺术总监： 李有来　许龙江　吴川淮
插画提供：《中国书画》杂志社
平台支持： 全国中小学教师继续教育网

西安出版社

图书在版编目（CIP）数据

中华最美古诗词360首. 十级 / 刘锦文、康守永主编. —西安：西安出版社，2018.12（2023.4 重印）
ISBN 978-7-5541-3224-1

Ⅰ. ①中… Ⅱ. ①刘… ②康… Ⅲ. ①古典诗歌—中国—高中—教学参考资料 Ⅳ. ①G634.303

中国版本图书馆 CIP 数据核字（2018）第 158365 号

中华最美古诗词 360 首（十级）

主　　编：	刘锦文　康守永
出版发行：	西安出版社
社　　址：	西安市雁塔区雁南五路1868号曲江影视大厦11层
电　　话：	（029）85253740
邮政编码：	710061
网　　址：	www.xacbs.com
印　　刷：	天津图文方嘉印刷有限公司
开　　本：	787mm×1092 mm　1/20
印　　张：	9.75
字　　数：	192 千
版　　次：	2018 年 12 月第 1 版 2023 年 4 月第 2 次印刷
书　　号：	ISBN 978-7-5541-3224-1
定　　价：	39.80 元

△ 本书如有缺页、误装，请寄回另换。
　　未经许可，不得以任何方式复制或抄袭本书之部分或全部内容。
　　版权所有，侵权必究
　　邮购电话：（010）88113200

序

中国诗歌发轫于上古，波澜相接，汇为浩浩之诗海，气势磅礴，穿越万古时空依旧光辉不减，其历史之久远，底蕴之深厚，数量之巨大，品质之超然，震撼之强烈，流传之广阔，影响之深远，在世界文明史上都是举世无双的。

俨然一角灵犀影，焕出诗家万丈虹。在这个国度里，无数诗词巨星，用自己充满高情大爱与奇思的旷世名篇，将汉语言文字特有的声情意象之美发挥到了出神入化的地步，声律优美，意境如画，使人见字生感，闻声动情，从帝王将相到渔父耕夫，无不喜闻乐诵、目醉心迷，诗词成了人们文化生活的首选乃至潜意识存在，在塑造民族性格、凝铸民族精神方面发挥着神工伟力，诗化的中华民族因此历劫不衰，保持着盎然勃发的生命力。古诗词所蕴含的美育力量渗透进了中华文化的各个方面，使其当之无愧地成为中华文化的灵魂、民族的血脉、精神的家园。

诗主性灵，重高节。就个人成长而言，诗词是陶冶性灵、涵养气质、提升审美品位不可替代的载体，对促进智力的发展、创新才能的焕发、自由精神的培育、贤德君子形象的塑造具有极为重要的价值。

以诗词之美弘扬国学、教化人生是每一个文化和教育工作者的义务和使命。正如近平同志在北师大教师节座谈会上说的，"应该把这些经典嵌在学生脑子里，成为中华民族文化的基因"，希望全社会积极承担起激活传统的历史责任，推陈出新，利用各种载体，将传统中华诗歌文化传承下去，让中华诗词在传承中焕发出内生的动力和新的光彩。

周笃文
2018 年 9 月 8 日于北京

周笃文：字晓川，1934 年生，湖南汨罗人，国务院表彰的特殊贡献专家，著名诗词家和宋词研究专家，中华诗词学会和中国韵文学会的创始人之一，历任中国韵文学会常务理事、中华诗词学会副会长兼秘书长、中华诗词编著中心总编辑，原中国新闻学院教授，中外文化研究所所长。已发表诗词近千首，出版各类诗词专集、选集、研究赏析著作十余种，主要著作有《全宋词评注》十卷、《宋词》《宋百家词选》《金元明清词》《华夏之歌》《经典宋词百家解说》《珍藏本宋词》《影珠书屋吟稿》《婉约词典评》《豪放词典评》《中外文化辞典》等，在古典诗词学界享有盛誉。

目　录

无衣	《诗经》	003
静女	《诗经》	008
将进酒	李　白	014
锦瑟	李商隐	020
虞美人（春花秋月何时了）	李　煜	025
书愤	陆　游	031
鹊桥仙（纤云弄巧）	秦　观	037
念奴娇　赤壁怀古	苏　轼	043
山居秋暝	王　维	050
菩萨蛮　书江西造口壁	辛弃疾	056
苏幕遮（燎沉香）	周邦彦	061
客至	杜　甫	066
菩萨蛮（小山重叠金明灭）	温庭筠	071
登快阁	黄庭坚	076
登高	杜　甫	083
涉江采芙蓉	《古诗十九首》	088
临江仙　夜登小阁忆洛中旧游	陈与义	093
咏怀古迹（其五）	杜　甫	098
苏幕遮　怀旧	范仲淹	104
今日良宴会	《古诗十九首》	109
忆秦娥（箫声咽）	李　白	115
相见欢（林花谢了春红）	李　煜	120
秋风辞	刘　彻	126
长沙过贾谊宅	刘长卿	131
诉衷情（当年万里觅封侯）	陆　游	137
浣溪沙（身向云山那畔行）	纳兰性德	143
蝶恋花（庭院深深深几许）	欧阳修	148
阮郎归（南园春半踏青时）	欧阳修	153
玉楼春（尊前拟把归期说）	欧阳修	158
别云间	夏完淳	164
蝶恋花（槛菊愁烟兰泣露）	晏　殊	169
山坡羊　骊山怀古	张养浩	174
寄黄几复	黄庭坚	179
武陵春（风住尘香花已尽）	李清照	184
西江月（堂上谋臣尊俎）	刘　过	189

引　言

走进缤纷律动的夏日荷塘，听鸟儿欢叫、蛙声悠扬；拾级黄叶漫染的金秋山冈，听泉水流淌、情歌回响；登上月辉静沐的西楼画舫，听钟磬和鸣、宫商绕梁……这些，都是中华古诗词里的寻常意象。

泛黄的史册里，从王侯将相到黎民百姓，无论贵贱，或雅或风，你来我往，游弋在诗词的海洋，抚琴摇橹，浅吟低唱；从文人雅士到野夫游侠，不分老少，或兴或比，前呼后拥，徜徉在花园曲榭，举杯邀月，高歌豪放……

让我们洗耳恭听——听孔丘弦歌，屈子骚伤……

悠远的古道上，一代汉将剑指云天，驰骋边关，倾情演绎着烈士洒血的铿锵；萧瑟的西风中，几个宋臣骑着瘦马，来去回还，奋力弹奏着战马嘶鸣的悲怆；拍岸的惊涛里，风流人物驾着小船，驱风逐雾，镇定挥洒着强虏烟灭的雄壮；凌空的高阁下，绝代诗圣舒展衣袖，轻提缓按，自如书写着鬼神惊泣的华章。

蓦然回首，有位佳人，在水中央，巧笑倩兮，美目盼兮，令人心驰神往。

让我们走进中华最美古诗词，看郑姬进殿、汉娥离宫，邂逅花妒神赞、鱼沉燕落之天香；看唐妃起舞、宋娘登楼，温暖别易聚难、怀歇肠断之悲凉。

"江山代有才人出，各领风骚数百年"，从汉魏风骨到盛唐气象，斗转星移，诗家辈出，诗品日新，诗潮迭起，诗风浩荡。

王朝虽更迭，诗魂却永驻。诗词流淌在中国人的血液里，成了中华民族不朽的文化基因。让我们再上高楼，以饱满的人文底蕴，拥抱明日的辉煌。

刘凌沧 《鸿门宴》

无 衣

《诗经·国风·秦风》

扫一扫，听朗读

岂曰无衣？与子同袍①。王②于兴师，修我戈矛。与子同仇③！

岂曰无衣？与子同泽④。王于兴师，修我矛戟。与子偕作⑤！

岂曰无衣？与子同裳⑥。王于兴师，修我甲兵⑦。与子偕行！

注释

① 袍：长袍，即今之斗篷。
② 王：指周王，秦国出兵以周天子之命为号召。
③ 同仇：共同对敌。
④ 泽：通"襗"，内衣，如今之汗衫。
⑤ 作：起。
⑥ 裳（cháng）：下衣，此指战裙。
⑦ 甲兵：铠甲与兵器。

古诗今读

谁说我们没衣穿？与你同穿那长袍。君王发兵去交战，修整我那戈与矛，杀敌与你同目标。

谁说我们没衣穿？与你同穿那内衣。君王发兵去交战，修整我那矛与戟，出发与你在一起。

谁说我们没衣穿？与你同穿那战裙。君王发兵去交战，修整铠甲与兵器，杀敌与你共前进。

赏析要点

全诗共三章，章与章句式对应；诗句大同而小异，在重章复唱中诗意逐次递进。一边歌唱，一边行军，一往无前。

第一章，统一思想。当时军情紧急，一时难以备全征衣。"无衣"，这是实写。也可以理解为夸张的写法，为国征战，不计衣物不全的困难，"与子同袍"，与战友共用一件战袍。"王于兴师"，大家就急忙修理好"戈矛"。为什么大家能够克服困难、团结备战呢？"与子同仇！"大家认识到，仇敌是共同的，必须一起抗击共同的敌人。

第二章，统一行动。"与子同泽""修我矛戟"。大家一起行动起来，"与子偕作"，投身到征战中。

第三章，一起上战场。"与子偕行"，激昂高歌，团结对敌，奔赴战场。

这首战歌，每章第一、二句，分别写"同袍""同泽""同裳"，表现战士们克服困难、团结互助的情景。每章第三、四句，先后写"修我戈矛""修我矛戟""修我甲兵"，表现战士齐心备战的情景。每章最后一句，写"同仇""偕作""偕行"，表现战士们的爱国感情和大无畏精神。这是一首赋体诗，用"赋"的表现手法，在铺陈复唱中直接表现战士们共同对敌、奔赴战场的高昂情绪，一层更进一层地揭示战士们崇高的内心世界。

这首诗一共三段，以复沓的形式，表现了秦军战士出征前的高昂士气：他们互相召唤、互相鼓励、舍生忘死、同仇敌忾。这是一首慷慨激昂的从军曲！

这首诗充满了激昂慷慨、同仇敌忾的气氛，读之不禁受到强烈的感染。按照内容来说，这是一首爱国主义的战歌。据考证：周幽王十一年（秦襄公七年，公元前771年），周王室内讧，导致戎族入侵，攻进镐京，周王朝土地大部沦陷，秦国靠近王畿，与周王室休戚相关，遂奋起反抗。这诗可能就在这样的背景下产生。

当时秦国位于今甘肃东部及陕西一带。那里民性厚重质朴正直。开篇五句，在大敌当前、兵临城下之际，秦人以大局为重，与周王室保持一致，一听"王于兴师"，就响应号召：穿上长袍，修整武器，与天子杀共同的敌人。表现出崇高无私的品质和英雄气概。

秦人尚武好勇，反映在此诗中则以气概胜。每一章都采用了问答式的句法，像将领在队伍前问"岂曰无衣"，战士们回应"与子同袍""与子同泽""与子同裳"，非常有气势，在出征前鼓舞了气势。还有动作性的回答"修我戈矛""修我矛戟""修我甲兵"，画面感极强，我们想到：战士们在磨刀擦枪、舞戈挥戟的热烈的场面。生动，感人。

诗共三章，采用了重叠复沓的形式。每一章字数，句数相等，但章节之间却是递进，发展的。如第一章"与子同仇"，是情绪方面的，说我们有共同的敌人。第二章"与子偕作"的作是起的意思，这才是行动的开始。第三章"与子偕行"的行是往的意思。表明诗中的战士们将奔赴前线共同杀敌了。重叠复沓，回环往复，让诗歌读来上口，嗟叹。

诗歌出处

《诗经》是我国第一部诗歌总集，本只称"诗"或"诗三百"。至汉代被奉为儒家经典，始有此名。作者姓名多不传，可知者极少。约为周代史官采编，曾经孔子校订整理。收集自西周初（前11世纪）到春秋中（前6世纪）大约五百年间的诗歌三百零五篇，共四万余字。其产生地域在今黄河、渭水两岸及江汉之北。内容分为风、雅、颂。"风"为各诸侯国的土风歌谣，共一百六十篇。"雅"是西周王畿地区的正声雅乐，分"大雅""小雅"，共一百零五篇。"颂"为王室宗庙祭祀的舞曲歌辞，共四十篇。《诗经》的精华在于十五"国风"。"饥者歌其食，劳者歌其事"，歌唱爱情，赞美劳动，揭露现实，是"国风"中最为动人的主题。《诗经》的表现手法丰富多彩，后人曾经归纳为"赋、比、兴"。"赋"是铺陈叙述，"比"是比喻，"兴"是起兴。《诗经》在句式上以四言为主，章法复沓，回环往复；语言上双声叠韵。

《秦风》为《诗经·国风》之一，共十篇。秦地民歌。秦本为周的附庸。西周孝王封其臣非子于秦（今甘肃张家川东），后疆土逐渐扩大，庄公迁犬丘（今陕西兴平县东南槐里城），襄公迁汧（今陕西陇县汧城）。周幽王时，犬戎入侵西周，平王东迁，襄公赶走犬戎，并派兵护送平王至洛阳，始封为诸侯，于是西周王畿及豳地等遂归秦所有。其地包括今陕西地区和甘肃东部。诗作于东周末至春秋时期。《汉书·地理志下》："安定、北地、上郡、西河，皆迫近戎狄，修习战备，高上气力，以射猎为先。"故秦诗充满尚武精神、阳刚之气。

延伸阅读

唐风·无衣

岂曰无衣？七兮。不如子之衣，安且吉兮。
岂曰无衣？六兮。不如子之衣，安且燠兮。

古诗大意：难道说我没衣服穿？我的衣服有七件。但都不如你亲手做的，既舒适又美观。难道说我没衣服穿？我的衣服有六件。但都不如你亲手做的，既舒适又温暖。

　　本篇像是揽衣感旧或伤逝之作。诗人本来有一位心灵手巧的妻子，家庭生活美满幸福，不幸妻子早亡。一日他拿起衣裳欲穿，不禁睹物思人，悲从中来。语言自然流畅，句句都是对妻子的怀念之情。感情真挚，读来令人同悲。全诗两章，注意押韵而换字，相同句式重复一遍，回环往复，一唱三叹，回肠荡气。

（引自《先秦诗鉴赏辞典》）

考试链接

　　1.《秦风·无衣》是____国的____歌谣。全诗三章，采用____的手法，____整齐，便于歌唱。

　　2. 有人说这首诗的语言有强烈的动作性，主要表现在____、____、____三句，这使人想象到____的热烈场面。

　　3. 用简洁的语句归纳这首诗的中心意思。

编注者：强　强

【参考答案】
1. 秦　军中　重章复唱　节奏
2. 修我戈矛　修我矛戟　修我甲兵　战士们在磨刀擦枪，舞戈挥戟
3. 表达了士兵团结友爱、同仇敌忾、英勇抗敌的昂扬斗志和爱国精神。

牡丹庭院又春深一寸
光阴万两金拂曙起来
人解只缘难放惜花心
唐寅

[明] 唐寅 《牡丹仕女图》

扫一扫，听朗读

静　女①

《诗经·国风·邶②风》

静女其姝③，俟④我于城隅⑤。

爱⑥而不见，搔首踟蹰⑦。

静女其娈⑧，贻⑨我彤管⑩。

彤管有炜⑪，说怿⑫女⑬美。

自牧⑭归荑⑮，洵⑯美且异⑰。

匪女⑱之为美，美人之贻。

注释

①静女：文雅的姑娘。静，娴静。这首诗出自中国古代第一部诗歌总集《诗经·国风·邶风》中一节。
②邶（bèi）：邶国（今河南汤阴境内）。
③姝（shū）：美丽。
④俟（sì）：等待，等候。
⑤城隅（yú）：城上的角楼。
⑥爱：隐藏，遮掩。
⑦踟蹰（chí chú）：双声联绵词，亦作"踟躇"，心里迟疑，要走不走的样子。
⑧娈（luán）：面目姣好。
⑨贻（yí）：赠送。
⑩彤（tóng）管：红色的管箫。
⑪炜（wěi）：鲜明有光的样子。
⑫说怿（yuè yì）：喜爱。说，通"悦"，和"怿"一样，都是喜爱的意思。

⑬女（rǔ）：通"汝"，你。这里指代"彤管"。
⑭牧：野外放牧的地方。
⑮归荑（kuì tí）：赠送荑草。归，通"馈"，赠送。荑，初生的茅草。古时有赠白茅草以示爱恋的习俗。
⑯洵（xún）：通"恂"，的确，确实。
⑰异：与众不同。
⑱匪女（fēi rǔ）：不是你（荑草）。匪，通"非"。

古诗今读

娴静姑娘真可爱，约我城角楼上来。故意躲藏让我找，急得抓耳又挠腮。

娴静姑娘好容颜，送我一枝红彤管。鲜红彤管有光彩，爱它颜色真鲜艳。

郊野采荑送给我，荑草美好又珍异。不是荑草长得美，美人相赠厚情意。

赏析要点

客观看待全诗内容，它确实是一首充满着浓郁乡土气息的、反映农村青年男女恋爱约会的好诗，内容健康向上，感情朴实真挚。描写了一个青年男子对情人的爱恋之情，颂扬了静女可贵的性格特征。它既是一首难得的叙事情诗，又是一则别具风格的爱情小品，值得人们品读寻思。

诗短小但不乏情趣。三小节诗表面上只写了几个动作，可在具体欣赏诗的时候，却不能局限于这个小范围。要调动想象填补其留下的大量"空白"。那么，这三小节就发展成了三幕小短剧。

幕一（开头四句"静女其姝，俟我于城隅。爱而不见，搔首踟蹰。"）：男子和一个腼腆文静的漂亮女子幽会，问她幽会的地点在哪？女子笑而不答。后来女子悄悄打发一个小丫鬟或她的弟弟妹妹告诉男子：在城角儿。因为那里人少又僻静。听到这个消息，男子兴奋地饭也吃不下了。好不容易挨到日暮，便飞一般地奔到城南的角楼。"怎么没有她的身影，难道失约了不成？"再细一看，大喜过望，她来了，瞧！那角楼边儿不是放着她送我的箫笛吗？她一定是藏在哪里让我着急。男子找遍了角落就是没有找到，急得在角楼四周走来走去，抓耳挠腮。

幕二（中间四句"静女其娈，贻我彤管。彤管有炜，说怿女美。"）：找哇找，男子又急又气地蹲在了墙角一言不发。拿起了彤管吹起了那首曾经让她心动的乐曲。果然，不知什么时候，女子悄悄地走到他的身边，静静地站在那儿入神地听着。一曲完了，两人见面，分外高兴。女子说："真好听。"男子说："那是因为你送得彤管好看。"

幕三（结尾"自牧归荑，洵美且异。匪女之为美，美人之贻。"）：转眼春天来了。大地吐绿，碧草萋萋。一对男女的爱情也在滋润成长。他们打算订立婚约了。又是一个春风和煦的傍晚，依然在初次见面的城楼边。姑娘已消去了初恋时的腼腆，手持一束洁白的茅草芽和几支野花儿，亭亭玉立地等在那里。这洁白的茅草是爱情的定情物，她在姑娘的手中是那样的洁白美丽，如天边的白云。在小伙子眼中，茅草芽儿已经和美丽的姑娘融为了一体，他接过了茅草芽，也就接过了姑娘的心。

诗歌出处

《诗经》是汉族文学史上最早的一部诗歌总集，相传为孔子所编定，现存诗 305 篇。《诗经》是汉族诗歌现实主义传统的源头。它最初称为《诗》《诗三百》《三百篇》，这些诗被编为"风、雅、颂"三个部分，"风"又叫作"国风"，共 160 篇，大都是各地的歌谣，是《诗经》的精华部分。"雅"分《大雅》《小雅》，共 105 篇，多是西周王室贵族文人的作品，也有少数民谣，内容大都是记述周贵族历史，歌功颂德的。"颂"分《周颂》《鲁颂》《商颂》，共 40 篇，多为贵族统治者祭祀用的乐歌舞曲。到西汉被尊称为儒家经典之后，才有《诗经》之称。

《国风·邶风·静女》是中国古代第一部诗歌总集《诗经》中的一首诗。这是写青年男女幽会的诗歌，表现了男子对恋人温柔娴静的称赞以及对她的深深情意，体现出年轻男女之间纯洁爱情的美好。全诗三章，每章四句。此诗构思灵巧，人物形象刻画生动，通篇以男子的口吻来写，充满了幽默和健康快乐的情绪，尤其是对于青年人恋爱的心理描写惟妙惟肖。

延伸阅读

《蒹葭》《关雎》《静女》各自的艺术特点

《关雎》为整部"诗经"奠定了一个情感的基调。诗歌中的男主人公，爱慕一位在河边采摘荇菜的美丽女子，为她左思右想牵肠挂肚。为了得到所思慕女子的芳心，他决定用琴瑟、用钟鼓来取悦她，用音乐来打动她。这种感情，是如此的单纯、澄净，不夹带任何的杂质。也许，这就是所谓的"思无邪"

吧。大抵而言，十五篇国风中其他言情的诗章，其色调都是明朗的，它代表着人性中最淳朴最美好最自然的一面。这才是活脱脱的最本真的人，没有后来过多封建礼教封建道德上的束缚。

《静女》是《邶风》中的名篇，写一对热恋中的男女，在城上的角楼约会，女孩子故意隐藏起来，那男孩子便搔首踟蹰心急如焚地等待着。女孩送了他一对礼物，男孩子就爱不释手的，——不是因为那礼物有多么贵重，而是因为它们是女子所赠，所以爱屋及乌，心情特别愉悦。《静女》没有起兴，这在《诗经》当中并不多见。但它表现的热恋男女的那种心理，却非常真实细腻，而且有不少引人遐想的空间，这也正是《静女》最为出彩的地方。那位躲藏起来的少女，虽然并未真正出场，却可以让人想象她的活泼、俏皮。

《蒹葭》不是写"遇"，如《邶风·谷风》、如《卫风·氓》、如《齐风·东方之日》，而只是写一个"境"。遇，一定有故事，境则不必。遇多半以情节见意见情，境则以兴象见情见意。就实景说，《蒹葭》中的水未必大，至少远逊于《汉广》。就境象说，却是天长水阔，秋景无限，竟是同《汉广》一样的烟波浩渺。"伊人"究竟是贤臣还是美女，都无关紧要，无论思贤臣还是思美女，这"思"都没有高尚或卑下的区别。或者，这竟是一个寓言呢，正所谓"连水也是借话"。戴君恩说："溯洄、溯游，既无其事，在水一方，亦无其人。诗人感时抚景，忽焉有怀，而托言于一方，以写其牢骚抑郁之意。"诗人只是倔强于自己这一份思的执著，读诗者也果然觉得这执著之思是这样可贵。若一定要为"伊人"派定身份，怕是要损掉了泰半诗思，虽然诗人之所思原是很具体的，但他既然把这"具体"化在茫茫的一片兴象中，而使它有了无限的"可能"，则我们又何必再去追索那曾经有过的唯一呢。

考试链接

1. 对这首诗的赏析，不恰当的一项是（　　）

A. 这首诗基调欢快而富有情趣，叙写了一对青年男女约会的过程。

B. "爱而不见，搔首踟蹰"这个细节惟妙惟肖地描绘了小伙子当时那种焦灼不安的情态。

C. 无论是赠彤管，还是赠荑草，都发生在同一天，可见这对青年男女的恋情已到极致。

D. 这首诗除了细节描写外，还运用了双关及移情手法，因而生动活泼。富有情趣。

2. 选出对《静女》一诗内容理解有误的一项是（　　）

A.《静女》是一首赋体诗，它运用"直陈其事"的手法，采用三章连唱的形式来叙写故事，感情回环往复，内容富于变化，充分体现了民族的特色。

B. 本诗以生动的语言，风趣的细节，表现了一对男女青年热恋中的情趣，人物神形毕现，呼之欲出。

C. "说怿女美""匪女之为美"这两句借物抒情，意涉双关，表面上男青年是在赞美姑娘馈赠给他的信物，实则表达了他对姑娘挚爱之情。

D. "自牧归荑，洵美且异"用借代的手法，以初生荑草白而柔嫩的特点，象征爱情的真诚和纯美。

3. 下面对此诗赏析错误的一项是（　　）

A. 此诗以第一人称"我"——男青年写第一次恋人的约会的情景。

B. 全诗三章，其中二章重在写场景，一章重在写心理。

C. 第一章写青年之约，第二章写青年之恋，第三章写青年之诚。

D. 作者由静女而彤管，由荑而静女之情，把人、物、情巧妙地融合起来，表现了男女青年热烈的纯朴的恋情。

编注者：左　萍

【参考答案】

1. C
2. D 运用的是比喻手法。
3. B 一章重写场景，二章重写心理，三章注重细节描写。

[清] 沙山春 《春夜宴桃李园图卷》

将进酒[1]

[唐] 李白

君不见[2]黄河之水天上来,奔流到海不复回。君不见高堂明镜悲白发,朝如青丝暮成雪。人生得意须尽欢,莫使金樽空对月。天生我材必有用,千金散尽还复来。烹羊宰牛且为乐,会须[3]一饮三百杯。

岑夫子[4],丹丘生,将进酒,杯莫停。与君歌一曲,请君为我倾耳听。钟鼓[5]馔玉[6]不足贵,但愿长醉不愿醒。古来圣贤皆寂寞,惟有饮者留其名。陈王[7]昔时宴平乐[8],斗酒十千恣[9]欢谑[10]。主人何为言少钱,径须[11]沽[12]取对君酌。五花马[13]、千金裘,呼儿将出换美酒,与尔[14]同销万古愁。

注释

[1]将(qiāng)进酒:属乐府旧题。将,请。
[2]君不见:乐府中常用作提醒人语。
[3]会须:正应当。
[4]岑(cén)夫子:岑勋。丹丘生,元丹丘。二人均为李白的好友。
[5]钟鼓:富贵人家宴会中奏乐使用的乐器。

⑥馔（zhuàn）玉：形容食物如玉一样精美。梁戴嵩《煌煌京洛行》：挥金留客坐，馔玉待钟鸣。馔，吃喝。钟鼓馔玉，泛指豪门贵族的奢华生活。
⑦陈王：指三国魏陈思王曹植，曾被封为陈王。
⑧平乐（lè）：观名，指平乐观。在洛阳西门外，为汉代富豪显贵的娱乐场所。
⑨恣（zì）：纵情任意。
⑩谑（xuè）：戏。
⑪径须：干脆，只管。
⑫沽（gū）：通"酤"买。
⑬五花马：指名贵的马。一说毛色作五花纹，一说颈上长毛修剪成五瓣。
⑭尔：你。

古诗今读

你不是见过黄河之水从天而降吗？它波涛滚滚奔向东海，一去不回。你不是见过高堂明镜中照见的白发吗？它早晨如青丝般乌黑，傍晚就变得白如雪。人生在得意的时候，要趁这大好时光尽情地行乐，不要让手中的酒杯空对天上的明月。天生我材必有用，千金算得了什么，花去了还能挣回来，青春可是一去不复返哟！烹羊宰牛，尽情地欢乐吧，要喝就一下子喝它三百杯，喝个痛痛快快。

岑老夫子，丹邱老弟，快快喝酒吧，杯儿不要停！让我为你们唱一曲，请你们侧耳仔细听。什么钟鸣鼓响鼎食之乐，什么金玉美食之筵呀，这些都是过眼云烟，何足珍贵？我只愿长醉享乐，不愿醒来！自古以来圣人贤子都被世人冷落，生活寂寞，世上只有寄情于酒的人才能芳名永驻。古时陈王曹植曾在平乐观宴饮寻欢，斗酒十千不嫌贵，任性地享乐一番。主人你怕什么，是嫌我的钱少吗？你尽管直接取酒来，让大家尽情地喝！孩儿，送将家中名贵的五花马，价值千金的裘皮，拿来换美酒吧，我与大家要一醉方休同消这万古的长愁啊！

赏析要点

这首诗大约作于李白以梁园（开封）为中心的十载漫游期间。他当时与友人岑勋同在嵩山另一好友元丹丘的颍阳山居为客，此时作者正值"抱用世之才而不遇"之际，于是借酒兴诗抒发自己的情怀。

诗一开始就以两组排比长句起兴。上句写大河之来，势不可挡；下句写大河之去，势不可回。一涨一消，形成舒卷往复的咏叹韵味。紧接着用"君不见高堂明镜悲白发，朝如青丝暮成雪"，向人们喻示时光飞逝，一去不复返，人生由青春至衰老不过"朝""暮"之间的事。把本来短暂的说得更短暂，与前两句把本来豪壮的说得更豪壮，这是"反向"的夸张。于是，开篇的这组排比长句既有"比"意——以河水一去不返喻人生易逝，又有反衬作用——以黄河的伟大永恒反衬出生命的渺小脆弱。这个开端可谓悲感已极。

虽然悲感，但在诗人看来，只要"人生得意"便无所遗憾，当纵情欢乐。五六两句便是一个逆转，由"悲"而翻作"乐"。诗情渐趋狂放。朋友间的小聚是人生中的快事，"金樽""对月"将饮酒诗意化了；"莫使""空"的双重否定句式代替直陈，语气加强。"天生我材必有用"这是一个令人赞叹的句子。"有用"而"必"，相信自己的才能终会有展露的时候，应为这样的未来痛饮高歌，破费又算得了什么——"千金散尽还复来！"这又是一个高度自信的惊人之句，能驱使金钱而不为金钱所使，诗如其人。

至此，狂放之情趋于高潮，诗的旋律加快。诗人那眼花耳热的醉态跃然纸上，恍然使人如闻其高声劝酒："岑夫子，丹丘生，将进酒，杯莫停！"几个短句忽然加入，使诗歌节奏富于变化。

"钟鼓馔玉""不足贵"由狂放转而为愤激。以下"古来圣贤皆寂寞"二句也是愤激语。说到"唯有饮者留其名"，便举出"陈王"曹植作代表。因为"陈王"曹植也是有志难展，因此激起诗人的同情。

刚露一点深衷，又回到说酒了，而且看起来酒兴更高。以下诗情再入狂放，而且愈来愈狂。不惜拿出名贵宝物——"五花马""千金裘"来换取美酒，图个一醉方休。诗情至此狂放至极，令人嗟叹咏歌，直欲"手之舞之，足之蹈之"。情犹未已，诗已告终，突然又迸出一句"与尔同销万古愁"，与开篇之"悲"关合，而"万古愁"的含义更其深沉。显见诗人奔涌跌宕的感情激流。

作者掠影

李白（701~762），字太白，号青莲居士。是屈原之后最具个性特色、最伟大的浪漫主义诗人。有"诗仙"之美誉，与杜甫并称"李杜"。其诗以抒情为主，表现出蔑视权贵的傲岸精神，对人民疾苦表示同情，又善于描绘自然景色，表达对祖国山河的热爱。诗风雄奇豪放,想象丰富,语言流转自然,音律和谐多变,善于从民间文艺和神话传说中吸取营养和素材,构成其特有的瑰玮绚烂的色彩,达到盛唐诗歌艺术的巅峰。存世诗文千余篇,有《李太白集》30卷。

延伸阅读

李白与酒

李白,唐朝伟大的浪漫主义诗人,后人誉之为诗仙,同时也被称为"酒仙"。李太白能诗会词,工于书法,且精通剑术。少有辅弼帝王、建功立业之志。一生仕途坎坷未受重用,便整日饮酒赋诗,终因狂放的性格而遭放逐,后重病而逝。

少年李白,是游走在崇山峻岭之中的一位游侠。与其他仗剑走天涯的游侠不同,李白的剑,是他腰间的那柄酒葫芦,走到哪儿便喝到哪儿,这是他最异于常人的独特侠风。

李白好酒,这是众人皆知的,杜甫的一首《饮中八仙歌》便可为证。"李白斗酒诗百篇,长安市上酒家眠。天子呼来不上船,自称臣是酒中仙。"太白饮酒一斗,便可成诗百篇,看来酒作为催生名篇佳作的催化剂,在李白身上的作用尤为明显。而整日饮酒的李白之所以被人美誉为"酒仙"而非"酒鬼",皆归功于他"诗仙"这一称号吧。

考试链接

1. 下面对李白的《将进酒》的理解和分析,不正确的一项是(　　)

A. 诗中起兴夸张手法的运用颇具特色,如诗篇开头的两组夸张的长句,就有挟天风裹海雨而来之势,诗人以河水一去不返喻人生易老,以黄河的伟大永恒衬托生命的渺小脆弱,具有惊心动魄的艺术力量。

B. "君不见高堂明镜悲白发,朝如青丝暮成雪。"将人生由青春至衰老的全过程说成"朝""暮"间事,把本来短暂的人生说得更短暂。

C. 全篇诗情大起大落,由悲转乐、转狂放、转愤激、再转狂放,最后结束于"万古愁",回应篇首,奔放跌宕。"人生得意须尽欢,莫使金樽空对月。"表现了作者消极颓唐的思想:人生得意时,要尽情地寻欢作乐,别让金杯玉露,空对天上明月。

D.《将进酒》是一首劝酒歌,诗人借题发挥,尽吐郁积在胸中的不平之气,也表达了施展抱负的愿望。"天生我材必有用,千金散尽还复来。"是诗人乐观自信的肯定,流露出怀才不遇和渴望用世的感情。

2. 诗中运用陈王曹植的典故,作用是什么?

编注者:李 萍

【参考答案】
1. C 此处并非消极颓唐的思想,而是承接上文而来,人生短暂,我们不要虚度光阴,要充实地度过人生每一天。
2. 三国时期的陈王曹植是个才华横溢的人物,因为被其兄曹丕所忌恨而郁郁不得志,只有以酒浇愁,以泪度日,最后年纪轻轻地就死去了。诗人由曹植想到了自己同样怀才不遇,因权贵当道,使自己为国效力的志向无法实现,英雄无用武之地。作者是借曹植的典故尽吐心中的不平。

［清］ 沙山春 《罗浮仙影图卷》

锦 瑟[①]

[唐] 李商隐

锦瑟无端[②]五十弦[③]，一弦一柱[④]思华年[⑤]。
庄生晓梦迷蝴蝶[⑥]，望帝春心托杜鹃[⑦]。
沧海月明珠有泪[⑧]，蓝田[⑨]日暖玉生烟。
此情可待成追忆？只是当时已惘然。

注释

①锦瑟：装饰华美的瑟。瑟，拨弦乐器，通常二十五弦。
②无端：没来由的。怨怪之词。
③五十弦：这里是托古之词。作者的原意，当也是说锦瑟本应是二十五弦。
④柱：弦的支柱。
⑤华年：美好的年华，指少年。
⑥庄生晓梦迷蝴蝶："庄周梦为蝴蝶，栩栩然蝴蝶也；自喻适志与！不知周也。俄然觉，则蘧蘧然周也。不知周之梦为蝴蝶与？蝴蝶之梦为周与。"（《庄子·齐物论》）诗人此引庄周梦蝶故事，以言人生如梦，往事如烟之意。
⑦望帝春心托杜鹃：引用典故，出自《华阳国志·蜀志》："杜宇称帝，号曰望帝。……其相开明，决玉垒山以除水害，帝遂委以政事，法尧舜禅授之义，遂禅位于开明。帝升西山隐焉。时适二月，子鹃鸟鸣，故蜀人悲子鹃鸟鸣也。"子鹃，即杜鹃，又名子规。
⑧珠有泪：引用典故，出自《博物志》："南海外有鲛人，水居如鱼，不废绩织，其眼泣则能出珠。"
⑨蓝田：出自《元和郡县志》："关内道京兆府蓝田县：蓝田山，一名玉山，在县东二十八里。"

古诗今读

精美的瑟为什么竟有五十根弦,一弦一柱都叫我追忆青春年华。

庄周翩翩起舞睡梦中化为蝴蝶,望帝把自己的幽恨托身于杜鹃。

明月沧海鲛人流下了滴滴眼泪,蓝田日暖玉石才能够化作青烟。

此时此景为什么要现在才追忆,只因为当时心中只是一片茫然。

赏析要点

"锦瑟无端五十弦,一弦一柱思华年。"看到眼前锦瑟上的一弦一柱,就仿佛看到自己曾经有过的灿烂岁月、花样年华,这些可都是真情的付出,热血的凝铸。可恨可叹的是这些辉煌已成为过去,并且是如此短暂——单单是"五十弦",为什么单单是"锦瑟无端五十弦"呢?难道就没有别的什么可以选择了吗?诗人以"锦瑟"喻美好的"华年",以"思"引发"无端"之问,一上来就开门见山,点出自己对人生价值的深深思考。

"庄生晓梦迷蝴蝶,望帝春心托杜鹃。"对人生终极价值的思考不唯我独有:有着"鲲展翅九万里"远大志向的庄子,在梦中也不忘记对这个问题展开深入的探索,以至于梦生蝶翅,己蝶难辨;贵为人主的望帝死后仍化作嗓子出血也要叫个不停的杜鹃鸟,来诉说自己心中的疑惑。"蝴蝶梦迷"着"晓"字指明,使原本自迷自恋或徘徊彷徨之意转为富于幻想之境,是盼望旭日东升照亮自己的人生之路;"杜鹃心托"依"春"字点破,使旧有的怨恨怅惘之情化出勃勃生机之感,是希望春光永驻激励自己向前搏击奋斗。

"沧海月明珠有泪,蓝田日暖玉生烟。"沧海中的珍珠只有在明月之夜,才能流下晶莹的泪珠;蓝田下的美玉只有在日暖之时,才能升腾飘逸为烟霞。物犹如此,人当如是。"沧海月明"与"蓝田日暖"优美意境的创设,不仅仅是诗人精妙绝伦艺术素养的表现和挥洒,更是诗人回答人生价值的标准和尺度。诗人以物推人,拓展深化了诗作的主题,整篇的闪光点在此,魂亦在此。

"此情可待成追忆,只是当时已惘然。"追忆过去,尽管自己以一颗浸满血泪的真诚之心,付出巨大的努力，去追求美好的人生理想，可"五十弦"如玉的岁月、如珠的年华，值得珍惜之时却等闲而过；面对现实：恋人生离、爱妻死别、盛年已逝、抱负难展、功业未建……幡然醒悟之日已风光不再。如泣如诉的悲剧式结问，又让诗人重新回到对"人生价值到底是什么？到底该怎样实现？"深深的思考和迷惑之中，大大增强了诗作的震撼力。也正是因为这种人生的悲剧色彩和诗作的悲剧氛围，本诗才能"引无数英雄竞折腰"。

作者掠影

李商隐（约813～约858），唐代诗人。字义山，号玉溪生、樊南生。怀州河内（今河南沁阳）人。李商隐天资聪颖，文思锐敏，开成二年（837年）进士。曾任县尉、秘书郎和东川节度使判官等职。处于牛李党争的夹缝之中，被人排挤，潦倒终身。诗歌成就很高，所作"咏史"诗多托古以讽，"无题"诗很有名。擅长律、绝，富于文采，具有独特风格，然有用典过多，意旨隐晦之病。有《李义山诗集》。

《锦瑟》约作于作者晚年，对此诗的创作意旨历来众说纷纭，或以为是爱国之篇，或以为是悼念追怀亡妻之作，或以为是自伤身世、自比文才之论，或以为是抒写思念侍儿之笔。《史记·封禅书》载古瑟五十弦，后一般为二十五弦。但此诗创作于李商隐妻子死后，故五十弦有断弦之意（一说二十五弦的古瑟琴弦断成两半，即为五十弦）但即使这样它的每一弦、每一音节，足以表达对那美好年华的思念。

延伸阅读

《锦瑟》是李商隐的代表作，爱诗者无不乐道喜吟，堪称最享盛名；然而它又是最不易讲解的一篇难诗。诗题"锦瑟"，是用了起句的头两个字。旧说中，原有认为这是咏物诗的，但注解家似乎都主张：这首诗与瑟事无关，实是一篇借瑟以隐题的"无题"之作。

李商隐的诗歌流传下来的约600首，其中以直接方式触及时政题材的占了相当比重。李商隐的咏史诗有很高的成就。

无题爱情诗是李商隐独具一格的创造。它们大多以男女爱情相思为题材，意境邈远，情思宛转，辞藻精丽，声调和美且能疏密相间，读来令人回肠荡气。而这一首《锦瑟》，却是他最受争议的诗作之一。有人认为这是李商隐在追忆自己无果的初恋，最后两句恰恰是对初恋最完美的解释。读遍《锦瑟》，再细数李商隐历来扑朔迷离而又精致婉转的感情世界，也许这正是诗人"岁月忽已晚，当时已惘然"的怅然若失，也是诗人带着青春气息的初恋，的确让人心生向往。

考试链接

1. 这首诗中"_____，_____"两句，运用两个典故表现人生的迷惘、社会的虚幻和作者的伤时之感、身世之痛。

2. 这首诗中间两联除了对偶，具体说说还用了什么写法？有何用意？

3. 全诗给人丰富的想象空间。请任选一联，说说你对其情景的理解，并简要分析。

编注者：李生平

【参考答案】

1. 庄生晓梦迷蝴蝶　望帝春心托杜鹃
2. 诗人借用典故，表现了对美好情感的追怀，尽管欢乐短暂但足以让自己珍惜。
3. ①第一联，思忆青春年华，一种惋惜、伤感和无可名状的情绪涌上心头。②第二联，表现出对过去美好事物或情感的怀恋，以及惆怅、迷惘之情。③第三联，写才美不外现，或美好事物不能长在，寄寓了悲伤嗟悼之情。④第四联，从"追梦"中醒来，知道梦已远去，流露出无可奈何的情怀。）

［明］ 沈周 《仿倪云林山水图卷》

［明］ 沈周 《仿倪云林山水图卷》局部

虞 美 人①

[五代] 李煜

春花秋月何时了②？往事③知多少。小楼④昨夜又东风，故国⑤不堪回首月明中。

雕栏玉砌⑥应犹在，只是朱颜改⑦。问君⑧能有几多愁？恰似一江春水向东流。

注释

①虞美人：词牌名，原为唐教坊曲名，后用作词牌。
②了：完了，完结。
③往事：这里指过去作为君王时的宫廷生活。
④小楼：自己被俘降宋后在汴京（今河南开封）所居之楼。
⑤故国：旧国，指南唐都城金陵（现江苏南京）。
⑥雕栏玉砌：雕花的栏杆和玉一样的石阶，借指南唐故都的宫殿。
⑦朱颜改：红颜改变了，即容颜变憔悴了。
⑧问君：问你。这里其实是作者的自问自答。

古词今读

美丽的春花一年复一年的盛开，如霜的月亮一月又一月的照临，岁月的轮回要到什么时候才能完结啊？谁知道逝去的往事究竟有多少啊？昨天深夜小楼上又吹来了和煦的春风，皓月当空，回首故国，伤痛彻骨。

精雕细刻的栏杆、玉石砌成的台阶应该还在，只是物是人非，无奈容颜衰老。你啊，诗人啊，你的心中究竟心中有多少哀愁啊？恰恰像这绵延不尽的滔滔春水滚滚东流。

赏析要点

自然永恒，人生短暂；故国仍在，容颜衰老；江水浩荡，惆怅绵绵。

这首《虞美人》有着震撼人心的恒久力量。

《虞美人》是李煜的代表作，是他蘸着血泪写出的绝唱。相传他于自己生日（七夕七月）之夜，于寓所命歌妓作乐，唱新作《虞美人》词，声闻于外。宋太宗闻之大怒，命人赐牵机药，将他毒死。这首词通过今昔对比、身份反差，表现了一个亡国之君绵绵无尽的哀怨。

词人无法接受亡国的现实，难以认可囚徒的身份，从而打破事实的逻辑，叩问天地的循环。用三组对比，两组设问，反复询问，将读者推到广袤而永恒的宇宙面前，去感受短暂生命的无限惆怅，从而使本词具有了撼人心魄的美感力量。

"春花秋月"是美好的自然美景，它出现在张若虚的《春江花月夜》中，出现在古人吟风弄月的诗章篇什之中。人们往往爱之如宝，但是在作为亡国之君的作者眼中，却成了引发苦痛照临不眠的"毒药"，作者埋怨它们无始无终地循环，殷切企盼它早日完了，但是它是无法完结的自然规律，而那甜美的往事却已然逝去；小楼"东风"带来春天的信息，却反而引起作者"不堪回首"的嗟叹，因为它们都勾发了作者物是人非的怅惘和感触，让他感受到皇帝和囚居的强烈身份反差，体味到亡国之君的巨大苦痛，所以"又"不仅仅是对规律的陈述，更是对规律的埋怨，对这自然规律完结的期盼。词人期盼得无理，埋怨的无理，但是这就是古人说的"无理而妙"，因为这无理之中有词人浓得化不开的惆怅。

"春花秋月何时了"显示自然的永恒，写不变，"往事知多少"是在写人事的变化；"小楼昨夜又东风"也是写自然的永恒，"故国不堪回首月明中"又是写世间的变化；"雕栏玉砌应犹在"再写不变，"只是朱颜改"再写变化。六句话，分成三组，变与不变形成鲜明的对比，自然和人世形成强烈的反差。这是再写一个亡国之君的个体感悟，本来没有多少价值，但是难能可贵的是它突破了个体的局限，写出了人类面对变化和错位的普遍感受和心理。如果写到这里，那已经很了不起了，但是更了不起的是还有最后的千古名句。

"问君能有几多愁？一江春水向东流。"是经常被人们吟咏的千古名句，首先是因为它以水喻愁的名句，化抽象为具象，生动形象地写出愁思的长流不断,无穷无尽,浩浩荡荡。如果仅仅停留在这一层还不够,最后这两句还是自问自答,写出了一个亡国之君的孤独,写出了惆怅的深重和绵长,也写出了愁思的力量,他恨不能变成这浩荡的江水,冲垮堤岸,奔涌而出。这愁思的力量宋太宗听出来了,所以才大怒,才命人赐牵机药将他毒死。

李煜此词之所以能引起广泛的共鸣,在很大程度上,正在于结句以强烈的感染力和象征性的比喻,将愁思写得既形象化,又内蕴丰富:作者并没有明确写出其愁思的真实内涵——怀念昔日君王生活及作为囚徒的无限怅恨,而仅仅展示了它的外部形态——"恰似一江春水向东流。这样人们就很容易从中取得某种心灵上的呼应,并借用它来抒发自己类似的情感。因为人们的愁思虽然内涵各异,却都可以具有"恰似一江春水向东流"那样的外部形态。由于"形象往往大于思想",李煜此词便能在广泛的范围内产生共鸣而得以千古传诵了。

作者掠影

李煜(937~978),南唐中主李璟第六子,初名从嘉,字重光,生于金陵(今南京),祖籍彭城(今江苏徐州),南唐最后一位国君。李煜精书法、工绘画、通音律,词的成就最高。李煜的词,继承了晚唐以来温庭筠、韦庄等花间派词人的传统,又受李璟、冯延巳等的影响,语言明快、形象生动、用情真挚,其亡国后词作题材更广,含意深沉,在晚唐五代词中别树一帜,对后世影响深远。

延伸阅读

亡国之君李煜的生活

降宋以后,李煜一年四季过着以眼泪洗面的屈辱而悲惨的生活。他像一只被禁锢在金丝笼中的鸟儿,宅第虽然华丽,行动却毫无自由。他终日蜗居小楼,楼外高墙深院,戒备森严,插翅难飞。没有当朝皇帝手谕,他不得私自会客。

旧臣校书郎郑文宝,在李煜称帝时以文学见长被选为仲寓府内掌书记,君臣二人过从甚密。南唐亡国后,郑氏流落汴梁,起初隐姓埋名,不肯仕宋。他几次想面见李煜,均未能如愿,只好远远站在宅第墙外,长久遥望小楼,借以慰藉内心思念的苦涩。最后身披蓑衣,头戴斗笠,化装成卖鱼郎才得相见。

这对曾经高居帝王宝座、号令臣民的李煜来说，无疑是从天堂栽进了地狱。他怎能承受得住这如天崩地坼的巨大落差！生活的孤寂、暗淡、恐惧、失望，时刻令他肝肠寸断，痛不欲生。惟一可以供他宣泄忧郁愤懑的渠道，只有长歌当哭，濡墨填词了。此时此地的李煜，对人世间诗词以外的一切事物都冷漠到了极点。

春天来了，他伤春。吹面不寒的煦风，沾衣欲湿的细雨，可以悄然潜入他的庭院，甚至在一夜之间神奇地染绿垂柳枝条，然而却无法复苏李煜枯萎的心灵。相反，春天给大自然带来的生机和希望，倒诱匪李煜心中的隐痛。他对昔日安富尊荣的享乐生活越是留恋，对今朝"欲寻陈迹怅人非"的严酷现实就越是失望。为此，他独自一人身倚阑干长久不语，闭目遥想，回首往事，痛感江山易主，人事全非，惟有大千世界的竹声新月还似当年。入夜，尽管他还可以传令赐第中的旧时宫娥演奏舞乐，但画堂里的笙歌美酒和明烛暗香，却无法排遣他的苦痛。小院荷池的冰面开始消融，可是他的内心依然还在冻结。与日俱增的烦恼、愁苦、忧郁和怅恨，使得他的心力更加憔悴。

初春如此，暮春更甚。晨起，他信手推开窗扉，望着晚风朝雨摧残和濡湿的满地落红，眼前不禁幻化出一群浓妆艳抹的妙龄宫女，以及她们当年与他依依惜别时怆然流泪的场景。进而他又从林花凋谢、春去匆匆想到自己的身世沉沦、命运乖舛，感伤华年骤逝、人生短促。于是，满腔的悲愤和怨恨，便像冲出三峡夺路东去的滔滔江水，猛烈地撞击他的思想感情的闸门，使他不能自已，非得仰天长啸不成。因而，一首《乌夜啼》又脱口而出：

林花谢了春红，太匆匆。无奈朝来寒雨晚来风。

胭脂泪，留人醉，几时重？自是人生长恨水长东！

秋天到了，他悲秋。秋风乍起，凉意袭人，正是"长安一片月，万户捣衣声"的时节。入夜，远近的农家妇女，不约而同地坐在月下捣衣。夜风把木棒捶敲打砧石的声响，时断时续地送进李煜那座空荡寂寥的深院小庭之中。由于小周后奉旨入宫侍寝，独居只卧的李煜，心情本来就焦灼不安，时强时弱的捣衣声又扰得他更加辗转反侧。

在这万籁俱寂的秋夜里，心烦意乱的李煜，常常是通宵达旦，彻夜不寐。有时在更深漏尽之际，他实在觉得百无聊赖，就起身披衣走出卧室，漫不经心地驻足廊下四处张望。当他看到一钩凄清的残月高挂西天,把冰冷的清辉洒向光秃无叶的梧桐枝桠,又在地面上投下稀疏的暗影,心情愈加感到阴冷、灰暗。此景此情,与往日宫廷生活的繁华、火热,将他纷纭复杂的思绪搅得如同一团乱麻,既不敢剪断,又无法理清,只好听任这别是一般滋味的愁情在胸中恣意翻腾。他那首雅俗共赏的《相见欢》,就是在这样的背景下吟成的:

无言独上西楼,月如钩。寂寞梧桐深院,锁清秋。

剪不断,理还乱,是离愁。别是一般滋味在心头。

在汴梁,寄人篱下、饱尝炎凉的降王生活,使李煜对人生和未来丧失了追求和信心。他不分昼夜,常常是杯不离手,借酒浇愁,一醉方休。有一次,他还乘醉在窗纸上信笔书写了十四个大字:"万古到头归一死,醉乡葬地有高原。"

(节选自田居俭的《李煜传》)

考试链接

1. "雕栏玉砌应犹在,只是朱颜改"一句有什么言外之意?
2. "问君能有几多愁?一江春水向东流。"使用了怎样的修辞手法?有怎样的妙处。

编注者:郭坤峰

【参考答案】
1. 表示的是物是人非,宫殿依旧,而自己的处境、容颜全变了。
2. 使用了设问和比喻的修辞,诗人自问自答,将自己的亡国愁思比喻成一江春水,化抽象为具体,生动形象地写出了惆怅的深广和绵长。

[清] 渐江 《长林逍遥图轴》

书　愤

[宋] 陆游

早岁①那知世事艰②，中原北望气如山。
楼船③夜雪瓜洲④渡，铁马⑤秋风大散关⑥。
塞上长城⑦空自许，镜中衰鬓⑧已先斑⑨。
出师一表真名世⑩，千载谁堪伯仲⑪间！

注释

①早岁：早年，年轻时。
②世事艰：指抗金大业屡遭破坏。
③楼船：指采石之战中宋军使用的车船，又名明轮船、车轮柯。车船内部安装有以踩踏驱动的机械连接船外的明轮，依靠一组人的脚力踩踏前行。车船在宋代盛极一时。因这种战船高大有楼，故把它称之为楼船。
④瓜洲：在今江苏邗江南长江边，与镇江隔江相对，是当时的江防要地。
⑤铁马：披着铁甲的战马。
⑥大散关：在今陕西宝鸡西南，是当时宋金的西部边界。
⑦塞上长城：比喻能守边的将领。《南史·檀道济传》载，宋文帝要杀大将檀道济，檀临刑前怒叱道："乃坏汝万里长城！
⑧衰鬓：年老而疏白的头发。
⑨斑：指黑发中夹杂了白发。
⑩名世：名传后世。
⑪伯仲：原指兄弟间的次第。这里比喻人物不相上下，难分优劣高低。杜甫《咏怀古迹》诗之五称赞诸葛亮说："伯仲之间见伊吕，指挥若定失萧曹。"

古诗今读

年轻时就立志北伐中原,哪想到竟然是如此艰难。我常常北望中原大地,热血沸腾啊,怨气如山啊。

记得在瓜洲渡痛击金兵,雪夜里飞奔着楼船战舰。秋风中跨战马纵横驰骋,收复了大散关捷报频传。

想当初我自比万里长城,立壮志为祖国扫除边患。到如今垂垂老鬓发如霜,盼北伐盼恢复都成空谈。

不由人缅怀那诸葛孔明,出师表真可谓名不虚传,有谁像诸葛亮鞠躬尽瘁,率三军收复汉室,北定中原!

赏析要点

《书愤》是宋孝宗淳熙十三年(1186)春,陆游居家乡山阴时所作的一首七言律诗。陆游时年六十有一,这分明是时不待我的年龄。

全诗紧扣住一"愤"字,可分为两部分。前四句概括了自己青壮年时期的豪情壮志和战斗生活情景,其中颔联撷取了两个最能体现"气如山"的画面来表现,不用一个动词,却境界全出,饱含着浓厚的边地气氛和高昂的战斗情绪。后四句抒发壮心未遂、时光虚掷、功业难成的悲愤之气,但悲愤而不感伤颓废。尾联以诸葛亮自比,不满和悲叹之情交织在一起,展现了诗人复杂的内心世界。

"早岁那知世事艰,中原北望气如山。"诗的开头两句回忆过去,塑造了诗人早年的形象。那时他遥望被金人占领的北方,满腔愤恨,气势如山,渴望一举收复故土,却不懂得世道的艰难。

"楼船夜雪瓜洲渡,铁马秋风大散关。"诗的三、四两句将诗人的恢复之志具体化。这两句诗写了发生在绍兴三十一年(1161年,诗人36岁时)的两次战斗,一次是在瓜洲渡击退金兵的进犯,一次是大散关失而复得,这表明南宋人民有力量保卫自己的国家。诗人很想投身到这样的战斗中去。

"塞上长城空自许,镜中衰鬓已先斑。"诗的五、六句是写现在,由于投降派把持朝政,使诗人的豪情壮志付诸东流。只好徒自抒发岁月蹉跎、壮志未酬而鬓发先斑的感慨。"塞上长城"这个典故出自《南史檀道济传》,南朝宋文帝杀大将檀道齐,檀在临死前愤怒地说:"乃坏汝万里长城!"诗人虽然没有像檀道济一样被冤杀,但因为主战而屡次被贬斥，"塞上长城"只能"空自许"。这种"愤"多么强烈，令人痛心疾首，扼腕长叹。"塞上长城"，是诗人毕生的抱负。陆游不仅是诗人，而且是战略家。"空自许"，与上文"世事艰"照应，是对偏安一隅的投降派的愤怒控诉和强烈指责。

"出师一表真名世，千载谁堪伯仲间。"最后两句亦用典明志。诸葛亮坚持北伐，虽"出师一表真名世"，但终归名满天宇，"千载谁堪伯仲间"。追慕先贤的业绩，表明自己老骥伏枥，壮心不已，渴望效仿诸葛亮，施展抱负。

这首诗以"愤"为意脉，全诗感情沉郁，气韵浑厚。

作者掠影

陆游（1125～1210），南宋文学家、史学家、爱国诗人。字务观，号放翁，越州山阴（今绍兴）人，尚书右丞陆佃之孙。

陆游生逢北宋灭亡之际，少年时即深受家庭爱国思想的熏陶。宋高宗时，参加礼部考试，因受秦桧排斥而仕途不畅。宋孝宗即位后，赐进士出身，历任福州宁德县主簿、敕令所删定官、隆兴府通判等职，因坚持抗金，屡遭主和派排斥。乾道七年（1171年），应四川宣抚使王炎之邀，投身军旅，任职于南郑幕府。次年，幕府解散，陆游奉诏入蜀，与范成大相知。宋光宗继位后，升为礼部郎中兼实录院检讨官，不久即因"嘲咏风月"罢官归居故里。嘉泰二年（1202年），宋宁宗诏陆游入京，主持编修孝宗、光宗《两朝实录》和《三朝史》，官至宝章阁待制。书成后，陆游长期蛰居山阴，嘉定二年（1210年）与世长辞，留绝笔《示儿》。

陆游一生笔耕不辍，诗词文俱有很高成就，其诗语言平易晓畅、章法整饬谨严，兼具李白的雄奇奔放与杜甫的沉郁悲凉，尤以饱含爱国热情对后世影响深远。陆游亦有史才，他的《南唐书》，"简核有法"，史评色彩鲜明，具有很高的史料价值。

延伸阅读

浅议词中之"愤"

《书愤》题目，"书"者，写也。"愤"，本义为憋闷、郁结于心，引申为因不满而感情激动。"书愤"，即书写心中的愤懑、不满。《书愤》显然是写

陆游的"愤",那么是什么事惹陆游"愤"呢?从诗的字面意思看:

一是"早岁那知世事艰,中原北望气如山",想当年,诗人北望中原,收复失地的壮志豪情何其高涨。诗人何曾想过杀敌报国之路竟会如此艰难?以为我本无私,倾力报国,那么国必成全于我,孰料竟有奸人作梗、破坏以至于屡遭罢黜,怎能不"愤"?

二是"楼船夜雪瓜洲渡,铁马秋风大散关",意象组合,写了瓜州渡击退金军,大散关收复失地,这两场胜仗本应值得高兴,且说明军民有力量保卫自己的国土。但是当时朝廷无心与金军抗战,诗人"有心杀贼,无力回天",怎能不"愤"?

三是"塞上长城空自许,镜中衰鬓已先斑","塞上长城"被喻为有能力镇守边疆的将领。很显然,陆游觉得自己具有镇守边疆的能力,可以是"塞上长城",但现在"镜中衰鬓已先斑",对镜自照,衰鬓苍颜,岁月不居,年老体衰!而收复失地报效祖国的壮志难酬,真所谓功业未就,怎能不"愤"?

四是"出师一表真名世,千载谁堪伯仲间",前一句是陆游对诸葛亮的夸奖和羡慕,后一句表明谁能和诸葛亮相比。诸葛亮建立了那么辉煌的不世功勋,是因为诸葛亮遇到了刘备那样赏识自己重用自己的明君,刘备重用诸葛亮,诸葛亮才创造了丰功伟绩。而诗人自己呢?朝廷不赏识不重用,怎能不"愤"?

回看整首诗歌,可见句句是"愤",字字是"愤"。以愤而为诗,诗便尽是愤。诗文中虽然一个"愤"字都没有,但悲愤、气愤、愤恨之青溢于言表。愤年华空老,愤壮志难酬、愤报国无门、愤报国有"罪"!所有的不满,以一个"愤"字写出,怎一个"愤"了得?

考试链接

1. 下列对诗句的理解,不正确的一项是(　　)

A. 首联塑造了诗人早年的自我形象.那时他有满腔的爱国热忱,却不懂得世道的艰难,遥望着北方被金人占领的中原地带,胸中的愤恨有积如山。

B. 颔联只用六个名词组接,勾勒出两幅气壮山河的和平图画,将诗人的收复之志具体化。

C. 尾联叙事抒情,写了诸葛亮(古人)在《出师表》中曾说过,"北定中原,兴复汉室"。

D. 本诗围绕"愤"字展开，抒发了诗人无私报国但抑郁不得志的强烈愤慨。

2. 请举例赏析本文对比艺术表现手法。

3. 陆游诗作的突出特点是"多豪丽语，言征伐恢复事"，本诗哪两句最能体现这个特点，试加以分析。

编注者：张丽霞

【参考答案】
1. B　B项勾勒的不是"和平图画"，应是"抗金场面"。
2. 这首诗中，对比手法运用的很成功，富有表现力。如昔年之壮举与今日之衰颓，"塞上长城"之理想与"世事多艰"之现实，诸葛亮之积极进取与南宋统治者之苟且偷安等对比。
3. "楼船夜雪瓜洲渡，铁马秋风大散关"最能体现这个特点。这两句形象地概括了25年前两次胜利的战斗：瓜洲渡击退金兵的进犯，大散关失而复得。意在表明南宋人民具有保卫自己国土的伟大力量，也使诗人的收复之志具体化，可以想见他当年投身战斗，收复失地的强烈愿望。

[清] 冷枚 《春阁倦读图》

鹊　桥　仙①

[宋] 秦观

纤云②弄巧③，飞星④传恨，银汉⑤迢迢⑥暗度⑦。金风玉露⑧一相逢，便胜却人间无数。

柔情似水，佳期如梦，忍顾⑨鹊桥归路。两情若是久长时，又岂在朝朝暮暮⑩。

注释

①鹊桥仙：词牌名，又名《金风玉露相逢曲》《广寒秋》等。此调专咏七夕。
②纤云：轻盈的云彩。
③弄巧：指云彩在空中幻化成各种巧妙的花样。
④飞星：流星。一说指牵牛、织女二星。
⑤银汉：银河。
⑥迢迢：遥远的样子。
⑦暗度：悄悄渡过。
⑧金风玉露：指秋风白露。语出李商隐《辛未七夕》："由来碧落银河畔，可要金风玉露时"。
⑨忍顾：怎忍回头看。顾，回头看。
⑩朝朝暮暮：指朝夕相聚。语出宋玉《高唐赋》："妾在巫山之阳，高丘之阻，旦为朝云，暮为行雨。朝朝暮暮，阳台之下。"

古词今读

纤薄的云彩在天空中变幻多端，天上的流星传递着相思的愁怨，遥远无垠的银河今夜我悄悄渡过。在秋风白露的七夕相会，就胜过尘世间那些长相厮守却貌合神离的夫妻。

共诉相思，柔情似水，短暂的相会如梦如幻，分别之时不忍去看那鹊桥路。只要两情至死不渝，又何必贪求卿卿我我的朝欢暮乐呢。

赏析要点

词一开始即写"纤云弄巧"，轻柔多姿的云彩，变化出许多优美巧妙的图案，显示出织女的手艺何其精巧绝伦，形象地烘托出织女的美丽与才慧。可是，这样美好的人儿，却不能与自己心爱的人共同过美好的生活，又是何等的恨事？这样自然地引出下句。"飞星传恨"，那些闪亮的星星仿佛都传递着他们的离愁别恨，正飞驰长空。"银汉迢迢暗渡"以"迢迢"二字形容银河的辽阔和双星间隔之远，相见之不易，突出了相思之苦。"暗度"，既点"七夕"题意，又紧扣一个"恨"字，他们踽踽宵行，千里迢迢来相会，景象微茫，境况幽独，自然离愁别绪也就像迢迢不尽的长河秋水一样渺邈无垠了。接下来词人宕开笔墨，以富有感情色彩的议论赞叹道："金风玉露一相逢，便胜却人间无数！"一对久别的情侣金风玉露之夜，碧落银河之畔相会了，这美好的一刻，就抵得上人间千遍万遍的相会。词人热情歌颂了一种理想的圣洁而永恒的爱情。词人把这次珍贵的相会，映衬于金风玉露、冰清玉洁的背景之下，显示出这种爱情的高尚纯洁和超凡脱俗。

"柔情似水"，那两情相会的情意啊，就像悠悠无声的流水，是那样的温柔缠绵。"柔情似水"，"似水"照应"银汉迢迢"，即景设喻，十分自然。一夕佳期竟然像梦幻一般倏然而逝，才相见又分离，怎不令人心碎！"佳期如梦"，除言相会时间之短，还写出爱侣相会时的复杂心情。"忍顾鹊桥归路"，转写分离，刚刚借以相会的鹊桥，转瞬间又成了和爱人分别的归路。不说不忍离去，却说怎忍看鹊桥归路，婉转语意中，含有无限惜别之情，含有无限辛酸眼泪。回顾佳期幽会，疑真疑假，似梦似幻，及至鹊桥言别，恋恋之情，已至于极。词笔至此忽又空际转身，爆发出高亢的音响："两情若是久长时，又岂在朝朝暮暮！"秦观这两句词揭示了爱情的真谛：爱情要经得起长久分离的考验，只要能彼此真诚相爱，即使终年天各一方，也比朝夕相伴的庸俗情趣可贵得多。这两句感情色彩很浓的议论，成为爱情颂歌当中的千古绝唱。它们与上片的议论遥相呼应，这样上、下片同样结构，叙事和议论相间，从而形成全篇连绵起伏的情致。这种正确的恋爱观，这种高尚的精神境界，远远超过了古代同类作品，是十分难能可贵的。

这首词的议论，自由流畅，通俗易懂，却又显得婉约蕴藉，余味无穷。作者将画龙点睛的议论与散文句法与优美的形象、深沉的情感结合起来，起伏跌宕地讴歌了人间美好的爱情，取得了极好的艺术效果。

作者掠影

秦观（1049～1100），北宋文学家、词人，被尊为婉约派一代词宗。字少游，一字太虚，北宋高邮（今江苏省高邮市）人，别号邗沟居士，学者称其淮海居士。他与黄庭坚、晁补之、张耒号称为"苏门四学士"，颇得苏轼赏识。宋神宗元丰八年（1085年）进士，初为定海主簿、蔡州教授，元祐初苏轼荐为秘书省正字，兼国史院编修官。政治上倾向旧党，哲宗时"新党"执政，被贬为监处州酒税，徙郴州，编管横州，又徙雷州，至藤州而卒。秦观生性豪爽，洒脱不拘，溢于文辞。他十五岁丧父，自幼研习经史兵书。著有《淮海集》40卷、《淮海词》（又名《淮海居士长短句》）、《劝善录》《逆旅集》。又辑《扬州诗》《高邮诗》。其《蚕书》是我国现存最早的一部蚕桑专著。

延伸阅读

人生最为失意时，就会想起这两句千古绝唱

林新杰

"两情若是久长时，又岂在朝朝暮暮"，每当因为别离而想起这两句词的时候，脑中就会浮现出情人天各一方，遥望明月的场景。悟出如许爱的真谛的人是谁？那就是秦观。"苏门四学士"之一的秦观，师从苏轼，也是苏轼最为欣赏的弟子。相传苏轼在他的扇子上写下了秦观的两句词，那就是"郴江幸自绕郴山，为谁流下潇湘去。"

为何苏轼对秦观的这两句词情有独钟呢？这自然是和两人相似的经历分不开的。这两句词出自《踏莎行》：雾失楼台，月迷津渡。桃源望断无寻处。可堪孤馆闭春寒，杜鹃声里斜阳暮。驿寄梅花，鱼传尺素。砌成此恨无重数。郴江幸自绕郴山，为谁流下潇湘去。

写这首词的时候，高太后去世，朝廷大权又回到宋哲宗手里，重新启用新党，苏轼也因反对新党被贬到惠州。作为苏轼门下学士的秦观受牵连也被贬到郴州。

秦观怀着郁闷惆怅的心情来到郴州，眼前一片荒凉。于是写下这首词，一抒愤懑之情。上阕开篇看似写实景，实际是带有虚构的成分。"雾失楼台，月迷津渡。桃源望断无寻处。"高耸的楼台被云雾遮住，供船只来往停靠的渡口也在朦胧的月下模糊不清。这虚构的景色象征的是自己对前途、对未来的迷惘，不知出路在何方。接着进一步引用陶渊明笔下桃花源的典故，意寓心中的桃花源无处可寻，理想无法实现。以写虚构的景侧重表达自己苦于没有出路的心境。

接着从虚境转入实境的描写："可堪孤馆闭春寒，杜鹃声里斜阳暮。"这的的确确是秦观的处境。因为几乎是孤身来到郴州，所以用"孤"字突出独自一人。春寒封锁住孤馆，已令人心生寒意，偏偏又听到杜鹃啼鸣"不如归去"，闻之岂不令人倍增伤感？至此，上阕可谓写尽了词人孤独、失意的无尽痛苦。

到了下阕，以"驿寄梅花，鱼传尺素"转入，分别用了两个典故。"驿寄梅花"指南北朝时期的陆凯写给好友范晔的诗"折花逢驿使，寄与陇头人。江南无所有，聊赠一枝春。"而"鱼传尺素"指的是古人以绢帛写信并放到鱼形木板中邮寄。两个典故借指远方亲人的来信。然而这些信"砌成此恨无重数。"是离恨，是别愁，是思念而不得。

这些恨一重一重堆砌起来，最后让词人不禁悲叹一声"郴江幸自绕郴山，为谁流下潇湘去。"郴江的水本就发源于郴山，自然要围绕着郴山而流，却为何要离开，流到潇水和湘水去呢？此句道尽无可奈何，也许郴江的水是不想离开郴山的，就如词人不想远离亲人一样，但郴江的水却奔着潇湘去了，词人也不得不远离亲人，孤独前往荒凉的郴州。更深一层，词人想到自己被贬，理想落空，这一切又是因为什么呢？心中的愤慨和不平又与何人说？

最后两句，可谓点睛之笔。把人生中的无奈表现得淋漓尽致，而又婉转含蓄。怪不得引起"同是天涯沦落人"的苏轼的强烈共鸣。听说苏轼在秦观过世后，不仅把这两句诗题在扇子上，还在旁边写上"少游已矣，虽千万人何赎。"在苏轼的心中，纵有千千万万人，又有谁能替代秦观呢？这世上，知己又有几人？

考试链接

1. 对这首词赏析有误的一项是（　　）

A. "柔情似水，佳期如梦"，两个精妙的比喻写尽牛郎、织女的相见之欢和离别之苦。

B. "两情若是久长时"二句对男女主人公致以深情的慰勉：只要两情至死不渝，又何必贪求卿卿我我的朝欢暮乐？这一惊世骇俗、震聋发聩之笔，使全词升华到新的思想高度。

C. 本词咏牛郎、织女的爱情故事，以超人间的方式表现人间的悲欢离合，否定朝欢暮乐的庸俗生活，歌颂坚贞不渝、诚挚不欺、天长地久的忠贞爱情。

D. 这首词上片写佳期相会的盛况，下片则是写依依惜别之情。主要运用描写这种表达方式。

2. 赏析"两情若是久长时，又岂在朝朝暮暮"。

编注者：师　文

【参考答案】

1. D　D项"主要运用描写这种表达方式"，表述有误。这句词主要运用了叙事、描写与议论的表达方式。

2. 这两句运用议论的手法，与上片"金风玉露一相逢，便胜却人间无数"的议论遥相呼应，揭示了爱情的真谛：爱情要经得起长久分离的考验，只要彼此真城相爱，即使终年天各一方，也比朝夕相伴的庸俗情趣可贵得多。

［明］ 仇英 《赤壁赋图卷》

念奴娇①

赤壁②怀古

[宋] 苏轼

大江③东去,浪淘尽,千古风流人物④。故垒⑤西边,人道是,三国周郎⑥赤壁。乱石穿空,惊涛拍岸,卷起千堆雪。江山如画,一时多少豪杰。

遥想公瑾当年,小乔⑦初嫁了,雄姿英发⑧。羽扇纶巾⑨,谈笑间,樯橹⑩灰飞烟灭。故国神游⑪,多情应笑我,早生华发。人生如梦,一尊⑫还酹⑬江月。

注释

①念奴娇:词牌名,又名《百字令》《酹江月》等,其调高亢。得名于唐天宝年间名叫念奴的歌伎。
②赤壁:苏轼所游的是黄州(今湖北黄冈)的赤鼻矶,并非赤壁大战处。
③大江:指长江。
④风流人物:指杰出的历史人物。
⑤故垒:古时军队营垒的遗迹。
⑥周郎:指周瑜,字公瑾,孙权军中指挥赤壁大战的将领。二十四岁即出任孙策的中郎将,军中呼之"周郎"。
⑦小乔:乔玄的女儿,嫁给了周瑜。

⑧雄姿英发（fā）：姿容雄伟，英气勃发。
⑨羽扇纶（guān）巾：（手持）羽扇，（头戴）纶巾，这是儒者的装束，形容周瑜有儒将风度。纶巾，佩有青丝带的头巾。
⑩樯橹（qiáng lǔ）：樯，挂帆的桅杆。橹，一种摇船的桨。这里代指曹操的水军。
⑪故国神游：即神游故国，作者神游于古战场。
⑫尊：同"樽"，酒杯。
⑬酹（lèi）：将酒洒在地上，以表示凭吊。

古词今读

长江浩浩荡荡向东流去，滔滔巨浪淘洗尽千古英雄人物。那旧营垒的西边，人们说，那是三国时周郎大破曹兵的赤壁。陡峭的石壁直耸云天，如雷的惊涛拍击着江岸，激起的浪花好似卷起千万堆白雪。雄壮的江山奇丽如画，一时间涌现出多少英雄豪杰。

遥想当年的周瑜春风得意，绝代佳人小乔刚刚嫁给他，他英姿勃发，豪气满怀。手摇羽扇头戴纶巾，谈笑之间，曹操的水军战船在浓烟烈火中烧成灰烬。神游于故国战场，该笑我太多愁善感了，以致过早地生出白发。人的一生就像一场梦，还是把一杯酒献给江上的明月，和我同饮共醉吧！

赏析要点

被誉为"千古绝唱"的《念奴娇·赤壁怀古》是北宋词坛上最引人注目的作品之一。它写于宋神宗元丰五年（1082年）七月，是苏轼遭遇"乌台诗案"后，贬居黄州时游黄州城外的赤鼻矶时所作。

"大江东去，浪淘尽，千古风流人物。"词一开篇，江山、历史、人物逐一奔入眼底，境界开阔，气势恢宏，豪放之气笼罩全词。读此三句，读者很自然地由江水的流逝想到岁月的无情。子在川上曰：逝者如斯夫！用水的流逝比喻时光的流逝，意出有据。但苏轼的高妙之才并不止于此，而是由自然界的大江联想到了人类历史的长河，引发深沉、雄阔的人生感慨。

"故垒西边，人道是，三国周郎赤壁。""故垒"两句，点出这里是传说中的古赤壁战场。"人道是"，下笔极有分寸，以此点明这里并非一定是赤壁之战的所在地，只是借此怀古，抒发自己的感情。"周郎赤壁"，既拍合了词题，又为下阕缅怀周公瑾埋下伏笔。

"乱石穿空，惊涛拍岸，卷起千堆雪。"这三句运用拟人、比喻、夸张、对偶等修辞手法，从声音、色彩、姿态、气势等方面，集中描绘了赤壁的雄奇壮景和长江的汹涌气势：陡峭的山崖高耸入云，汹涌的骇浪搏击着江岸，滚滚的江流卷起千万堆浪花。这种奔马轰雷、惊心动魄的奇险意境，既渲染了雄奇壮阔的环境气氛，也暗示了下阕赤壁之战惊心动魄的场面和英雄人物的勃发英姿。"乱""穿""惊""拍""卷"等形容词、动词的精当运用，个个堪称炼字的典范。

"江山如画，一时多少豪杰。"此两句承上启下，十分自然。"江山如画"总括上文，表达了词人对祖国山河的由衷热爱和热切赞美！接着，作者又由眼前之景联想到与此地相关的历史人物。"一时多少豪杰"，很容易让读者想到三国时众多的英雄人物：横槊赋诗的曹操、驰马射虎的孙权、舌战群儒的诸葛亮，足智多谋的周公瑾……此一句，既照应开头"千古风流人物"，也开启下文，为下阕写周瑜做了铺垫。

"遥想公瑾当年，小乔初嫁了，雄姿英发。羽扇纶巾，谈笑间，樯橹灰飞烟灭。"此五句，集中笔力塑造千古风流人物中的青年将领周瑜。作者没有直接写周瑜的胯下马、掌中枪，而是从肖像、仪态上描写周瑜装束儒雅，风度翩翩，反映出作为指挥官的周瑜临战时的从容闲雅，指挥若定，显示出周瑜杰出的指挥才干和蔑视强敌的英雄气概。"谈笑间、樯橹灰飞烟灭"，抓住了赤壁之战火攻水战的特点，仅用"灰飞烟灭"四个字，就将曹军的惨败情景形容殆尽，精准地概括了整个战争的胜利场景。描写周瑜形象时，插入"小乔初嫁了"这一细节的意义在于：一是借周瑜娶小乔的事实，说明周瑜在指挥赤壁之战时，年纪很轻，很有作为。二是以美人烘托英雄，更能衬托周瑜潇洒的风姿，英雄美人，相得益彰。三是小乔姐姐大乔是孙策的妻子，所以周瑜跟孙权外托君臣之义，内虽无特别亲近之关系，但有葭莩度事之亲，因此能取得孙权的绝对信任，这是他能够建功立业的一个重要条件。以上这些正是作者所没有的，又是他十分渴望的。

"故国神游，多情应笑我，早生华发。人生如梦，一尊还酹江月。""故国神游"承接上文，道出了作者对英雄时代、英雄人物的缅怀和仰慕之情。但想到自己满腹才华、空有济世之志，只因群小构陷而命途坎坷、难有作为，以至头发斑白，一事无成，最终发出"人生如梦"的感慨。"一尊还酹江月"，借酒抒情，思接古今，感情沉郁。想想历史人物，再想想自己，词人感叹英雄人物与丰功伟绩，全都是过眼烟云。既然时运不济，天不怜才，诗人只好以一杯清酒祭奠江月，以寄托自己壮志难酬的苦闷心情。

作者掠影

苏轼（1037~1101），北宋著名的文学家、书画家。字子瞻，号东坡居士，眉州眉山（今四川）人。嘉祐进士，神宗时曾任礼部员外郎，知密州、徐州、湖州。因反对王安石新法，以作诗"谤讪朝廷"罪贬谪黄州。哲宗时任翰林学士，曾出知杭州、颍州，官至礼部尚书。后又贬谪惠州、儋州。最后北还，病死常州，追谥文忠。

苏轼学识渊博，多才多艺，在散文、诗词、书法、绘画等各方面都有很高造诣。他是北宋继欧阳修之后的文坛领袖，他的散文汪洋恣肆，明白畅达，与欧阳修并称"苏欧"，是"唐宋八大家"之一。他的诗歌清新豪健，善用夸张、比喻，艺术表现独具风格，与黄庭坚并称"苏黄"。他的词题材丰富，意境开阔，气势磅礴，突破了晚唐五代和宋初以来"词为艳科"的传统藩篱，冲破了"诗庄词媚"的界限，开豪放清旷一派，对词的革新和发展做出了重大贡献，与南宋辛弃疾并称"苏辛"。他的书法与蔡襄、黄庭坚、米芾合称"宋四家"。他善画竹木怪石，其书论、画论也有卓见。

苏轼总结自己的一生，说："问汝平生功业，黄州惠州儋州。"政治上，苏轼是失意的，但就个人创作成就而言，苏轼是中国古代第一全才。著有《苏东坡全集》和《东坡乐府》等。

延伸阅读

苏东坡趣闻轶事三则

（一）年少轻狂

苏轼年少时，天资聪颖，博通经史，又长于作文，常得到师长的赞誉，他的自矜之情也随之萌生。

一日，苏轼自负地在自己房前贴了一副对联："识遍天下字，读尽人间书。"没料到，几天后，一鹤发童颜的老者专程来向苏轼"求教"，他请苏轼认一认他带来的书。苏轼满不在乎，接过一看，心中顿时发怔：书上的字一个也不认识。心高气傲的苏轼不免为之汗颜，只好连连向老者道不是，老者含笑飘然而去(一说其母程氏对其进行了批评教育)。

羞愧难当的苏轼即在那副对联上各添两字,境界为之一新:"发愤识遍天下字,立志读尽人间书。"

(二)出人头地

苏轼在京城会考时,主审官是大名鼎鼎的大文豪欧阳修。他在审批卷子的时候为苏轼的文采倾倒。但他觉得此文很像门生曾巩所写,怕落人口实,最后评了第二。一直到发榜的时候,欧阳修才知道文章的作者是苏轼。知道真实情况后欧阳修后悔不已,但是苏轼却一点计较的意思都没有,苏轼的大方气度和出众才华让欧阳修赞叹不已:这样的青年才俊,真是该让他出人头地啊!并正式收苏轼为弟子。(成语"出人头地"就是从这儿来的)

(三)针锋相对

苏东坡被贬黄州后,常与和尚佛印交游。一天傍晚,他和佛印泛舟长江。正举杯畅饮间,苏东坡忽然用手往江岸一指,笑而不语。佛印顺势望去,只见一条黄狗正在啃骨头,顿有所悟,随将自己手中题有苏东坡诗句的扇子抛入水中。两人面面相觑,不禁大笑起来。

原来,这是一副哑联。苏东坡的上联是:狗啃河上(和尚)骨。佛印的下联是:水流东坡尸(东坡诗)。

考试链接

1. 下列对这首词中字词理解正确的一项是( )

A. 大江东去,浪淘尽,千古风流人物:"大江"指长江,"淘"是冲洗、冲刷之意,"风流人物"是指有学问但不拘礼法的人。

B. 乱石穿空,惊涛拍岸,卷起千堆雪:"乱"是陡峭不平的样子。"惊涛"使人惊怕的巨涛。"千堆雪"指无数的雪花。

C. 羽扇纶巾,谈笑间,樯橹灰飞烟灭:"羽扇",带有羽毛的扇子。"纶巾"指古代用青丝带做的头巾。樯,挂帆的桅杆。橹,一种摇船的桨。"樯橹",这里代指曹操的水军。

D. 人生如梦,一尊还酹江月:尊同"樽",酒杯。酹:将酒洒在地上,以表示凭吊。这里指洒酒酬月,寄托自己的情感。

2. 下列对词句内容的解说,有误的一项是( )

A. 大江东去,浪淘尽,千古风流人物:此三句总领全词,由江水的流逝想到岁月的无情,引发历史的想象。境界开阔,气势恢宏,为下文赞颂周瑜埋下伏笔。

B. 乱石穿空,惊涛拍岸,卷起千堆雪:此三句是对赤壁之景的集中描写,用词生动形象,绘声绘色地描绘了赤壁的奇景和长江的气势。

C. "小乔初嫁了""羽扇纶巾""谈笑间,樯橹灰飞烟灭"等词句从正面多角度地赞美了周瑜的少年得志,指挥若定的从容神态。

D. "故国神游,多情应笑我,早生华发。""故国神游"承接上文,道出了作者对英雄人物的热切向往,但想到自己年近半百,一事无成,不禁感万千。

3. 俞文豹《吹剑录》中有这样一个故事:东坡在玉堂(翰林院),有幕士善歌,(苏轼)因问:"我词何如柳七(柳永)?"对曰:"柳郎中(柳永)词,只合十七八女郎,执红牙板,歌'杨柳岸晓风残月';学士(苏轼)词须关西大汉,铜琵琶,铁绰板,唱'大江东去'。"苏东坡词的豪放风格可见一斑。请结合本词的内容,说说其"豪放"表现在哪些方面?

编注者:程红丽

【参考答案】

1. D A 项的"风流人物"意为杰出的历史人物。B 项的"千堆雪"指无数的浪花。C 项的"羽扇"指羽毛制成的扇子。"纶巾"指佩有青丝带的头巾。

2. C 这几句主要运用侧面衬托的手法。用小乔初嫁衬托周瑜的雄姿英发;用羽扇纶巾衬托其风流儒雅;用谈笑间衬托其指挥若定;用樯橹灰飞烟灭衬托其战功卓著。

3. ①描绘壮丽之景。全词选取大江、赤壁、乱石、惊涛等阔大意象,不仅写出了长江的非凡气势,而且融合概括了千古英雄的非凡业绩,营造了雄奇壮阔、豪迈旷达的意境氛围,将江山形胜与怀古之情融为一体,引发读者的历史联想。②刻画豪迈之人。上阕将"周郎"与"赤壁"并称,肯定周瑜在赤壁之战中的关键作用。下阕着力写他的才华和功勋,塑造了一个指挥若定而从容闲雅的儒将形象,称颂了周瑜建功立业的豪情。③抒发壮志豪情。全词借缅怀英雄人物和称颂周瑜,来抒发自己渴望建功立业的壮志豪情。

[清] 王素 《竹溪浣纱图轴》(局部)

[清] 王素 《竹溪浣纱图轴》

扫一扫，听朗读

山居①秋暝②

[唐]王维

空山新③雨后，天气晚来秋。
明月松间照，清泉石上流。
竹喧④归浣⑤女，莲动下渔舟。
随意⑥春芳⑦歇⑧，王孙自可留⑨。

注释

①山居：山中的居所。
②秋暝（míng）：秋天的傍晚。暝，日落，天色将晚。
③新：刚刚。
④竹喧：指竹间传来浣纱女的笑语声。
⑤浣：洗涤衣物。
⑥随意：有任凭意。
⑦春芳：春天生长的花草。
⑧歇：衰谢。
⑨"王孙"句：《楚辞·招隐士》载："王孙兮归来，山中兮不可以久留。"此句反用其意。原指贵族子弟，后来也泛指隐居的人。

古诗今读

寂静无人的群山沐浴了一场新雨，山雨初霁，夜色下青山溢出沁人心肺的清气，初秋的气息扑面而来。月出于东山之上，月光洒在松林之间，将松柏的影子投射在地上，偶尔风来，松影摇曳。山泉清冽，淙淙流泻于山石之上。竹林里传来一阵阵歌声笑语，一些姑娘洗罢衣服笑逐着归来了，莲叶惊动了晶莹的水珠，原来是顺流而下的渔舟划破了这荷塘月色。如此良辰美景，不妨任春日芳菲随意消歇，秋天的山中王孙自可久留。

赏析要点

"空山新雨后，天气晚来秋。"总写雨后山中的美景。山是"空山"，是说山中寂静无人，并不是说空无一物。王维写诗喜用"空"字，比如《鸟鸣涧》中的"人闲桂花落，夜静春山空"，还有《鹿柴》中的"空山不见人，但闻人语响"。相同的"空"字，在不同的环境中，有着不同的内涵。总的来说，所有的"空"都带有一种禅意。究其原因，王维把佛教"空"的理念，融入诗中，达到物我两忘的"空"的境界，所以才有了如此美妙的"空"境。"天气晚来秋"，点出写景的时间——傍晚时的秋天。秋天给人的感觉是静美的，而傍晚时分"羊牛下来"，人们荷锄而归，大地进入睡眠，也是一种静美。所以说，这一句强化了首句的"静"，为全诗定下一种祥和从容、不悲不愁的基调。当然，这句也可以理解为"秋天姗姗而来"。俗话说"一场秋雨一场寒"，下雨之前，空气中留有夏天的燥热，人们根本感觉不到秋的到来。而雨后气温突然下降，满山黄叶飘飞，人们才意识到：秋天来了！

"明月松间照，清泉石上流。"该句不饰雕琢，如出水芙蓉，极清极淡，却极富感染力。月出于东山之上，月光洒在松林之间，将松柏的影子投射在地上，偶尔风来，松影摇曳，多么像油油的水草。而此时的世界，好像被移到了水中，空明澄澈，寂静无声。说无声，未免显得沉寂空漠。尤其对音乐家王维来说，诗中怎么能少得了天籁？于是，叮叮咚咚的山泉便流了出来，它淙淙地淌过山石，宛如一条迎风飞扬的、闪闪亮亮的轻纱。"清泉石上流"，多么简单质朴的句子，不经意间为画面增加了色彩、声音，甚至还有那清泉的温度、质感。我们不禁拍案叫绝：人人可见的景物，为什么可以美得如此不真实？它像曼妙轻盈的梦一样，它纯净圣洁，一尘不染，它让人淡然豁达、坦然自得，让人忘却烦扰，忘却自我。而这正是佛教的"禅意"所致。

"竹喧归浣女，莲动下渔舟。"如果说，前半部分描绘的都是自然景物，侧重于一个"静"（净）字；那么，从第三联开始，作者就把人物引入画面了。王维隐居山林，并不是要成为一个超凡脱俗的方外之人。相反，他乐于与山民交往，融入他们的生活，观照他们的生活。比如，《终南别业》中的

"偶然值林叟，谈笑无还期"，《终南山》里的"欲投人处宿，隔水问樵夫"。由此，不难理解，为什么前面还是"明月松间照，清泉石上流"的静谧，后面突然变成了"竹喧归浣女，莲动下渔舟"的喧嚣？人是自然的一部分，我们来自自然，也要归于自然。就连观照大自然的诗人自己，也没有凌驾于自然之上，而是融进自然，让自己成为山水的一分子。只有这样，他才能从竹林的喧嚣中得知洗衣的女孩们回来了，从莲叶的摆动中得知渔人回来了。这两句写得很巧，不直接写浣女归来，而先写"竹喧"，这是因为浣女被茂密的竹林遮住，只有先听到竹林的喧嚣才能看到浣女；同样，渔舟也被田田的荷叶隐藏起来，只有看到莲叶摆动，才能看到莲舟。这样运笔，不但给人以生活实感，还点染出一幅有声有色的动态画面，极富诗情画意。

"随意春芳歇，王孙自可留。"春天的花谢了，就让它随便谢吧；花谢之后，还有一个更加美好的秋天，我愿意留在山中，留在自然。《楚辞·招隐士》中有"王孙兮归来，山中兮不可久留"的句子，召唤隐士出山，不要隐居山中，而王维说的正好与之相反，他认为山中更加逍遥自在，更适合度过余生。春天的花凋谢了，还有秋实，还有明年的再发，有什么可悲哀的。诗人留下来，再也不愿回俗世回尘了。山居看秋暝，诗人已成佛了。再读秋暝，与诗人竟同等情怀了。

贾平凹曾言，"空山"是一种胸襟；"新雨"是一种态度；"天气"是一种环境，"晚来"是瞬间的境遇。"竹喧"也罢，"莲动"也罢，"春芳"也罢，"王孙"也罢，生活中的诱惑实在是太多太多，而物质的欲望则永无止境，什么都要的结果最终只能是什么都没有得到。唯有甘于清贫、甘于寂寞，自始至终保持独立的人格，这才是人生"取之不尽，用之不竭"的精神财富。王维的人生态度正是因为有了太多的放弃，也便才有了他"息阴无恶木，饮水必清源""涧户寂无人，纷纷开且落"的高洁的情怀，也便有了他哲悟金铂般的千古名篇！

作者掠影

王维（701～761），唐朝著名诗人、画家。字摩诘，河东蒲州（今山西运城）人。祖籍山西祁县，因笃信佛教，被称为"诗佛"。其是盛唐诗人的代表，今存诗400余首，重要诗作有《相思》《山居秋暝》等。王维精通佛学，受禅宗影响很大。佛教有一部《维摩诘经》，是王维名和字的由来。王维诗书画都很有名，非常多才多艺，音乐也很精通。与孟浩然合称"王孟"。

延伸阅读

学习王维诗歌的要点

关于王维的诗，把握三点尤为重要。

第一点便是背诵。《红楼梦》中曹雪芹借林黛玉之口说得很清楚，学诗诗句是末事，立意要紧，连词句都不用修饰，自然是好的。香菱说喜欢陆放翁的"重帘不卷留香久，古砚微凹聚墨多"，黛玉忙止住：断不可学这样的诗。因为不知诗，看见浅近的就喜欢，一旦入了这样的格局就再也学不出来。然后她拿出她的法宝《王摩诘全集》："你且把他的五言律读一百首，细心揣摩透熟了，然后再读一二百首老杜的七言律，次再李青莲的七言绝句读一二百首。肚子里先有了这三个人作了底子，然后再把陶渊明、应玚、谢、阮、庾、鲍等人的一看。你又是一个极聪敏伶俐的人，不用一年的工夫，不愁不是诗翁了！"这话反过来说就是，王维的诗立意好，有格局。这样的诗，不用去想什么思想，就是记住背下来，放进肚子里。

第二点，王维诗中的画意。唐诺《尽头》中有一篇写王维——《抄写在日本墓园里的王维》，那篇极好，他以人生、生死、整个诗史的角度揣摩王维。日本墓石后面常常有近人高的木条，上面常常有几行字，不是亡者生平，也非哀悼和祈愿之词，而是两句一组的佛偈和诗。诗几乎全是王维的。"行到水穷处，坐看云起时。""明月松间照，清泉石上流。""着处无莲花，无心变杨柳。"日本人用王维来处理死亡。因为他用二十几个字看到的世界，是在用一种空灵的他者眼光。唐诺比较其与杜甫、李白，他说王维的诗乍看是第一感的，朴素到近乎无邪眼光的视觉印象，如同这首《山居秋暝》，新雨、明月、清泉，其实是极有意的、准确如针尖的捕捉，是经过人心层层滤净细细整理打磨的结果。世界暂时停留在那个位置，人和世界开始分离，成为一个远远的观看者。用苏轼的话说，王维的诗就是画。

第三点是隐逸。一直以来中国的文人"达则兼济天下，穷则独善其身"。庙堂之上与江湖之远永远像心中的白玫瑰与红玫瑰，身处夹缝中痛苦思考。多数时候，江湖之远只是无法在庙堂之上谋得一席之地的一个托词。就像李白，他心中所求的永远是匡扶天下，虽然后人还是觉得他做诗人挺好的。杜甫则是坚定地谋求现世。王维则是彻底的隐身。虽然早年他也意气风发，有《李陵》那样的诗歌，但是安史之乱后，他是真的活进了隐逸生活中。他写的不是历史中许由、张翰这种隐居者的生活，也不是对其向往，就是站在里面往外边的世界张望。所以一切都是他的生活。

考试链接

1. 填空：首联把地点____、时间____、季节____、环境____全点了出来。

2. 诗一开头说此处是"空山"，而后面却写了人的活动，你觉得"空山"一语用得是否准确，有何作用？

3. 常建的《题破山寺后禅院》中有"山光悦鸟性，潭影空人心"一句，与本诗中的"空山新雨后，天气晚来秋"相比照，说说这两个"空"字的表达作用有何异同？

4. 下列说法有误的一项是（　　）

A. 首联"空山新雨后，天气晚来秋"把地点、时间、季节、环境全点出来了。

B. 颔联"明月松间照，清泉石上流"一静一动，一光一声，先视觉，后听觉，写出了山间自然景物的幽静。

C. 颈联"竹喧归浣女，莲动下渔舟"作者以动写静，以有声衬无声，先听觉后视觉，进一步突出了山间生活的幽静。

D. 全诗格调清新，富于生活气息，于诗情画意中寄托了诗人高尚的情怀和强烈的爱国主义思想感情。

编注者：高　菊

【参考答案】

1. 山　晚　秋　雨
2. 准确。说"空山"是因为山太大、太空旷，只有少量的一些人活动，而且"空山"给人世外桃源之感。这里的"空"应作静解释，诗人来到山林，远离了嘈杂烦扰的市朝，山居给他的突出印象就是非常寂静，因此，才听到山泉流动声、浣女欢笑声、荷叶摆动声；另外，由于山中林木的茂盛掩盖了人们活动的痕迹，所以作者说是"空山"。
3. 王诗的"空"，是一种空旷；常诗的"空"，是人的心境空灵。相同之处，都反映了诗人追求幽寂、清净、空明的境界。
4. D

[清] 王原祁 《仿古山水》（册五）

菩萨蛮①

书江西造口②壁

[宋] 辛弃疾

郁孤台③下清江④水，中间多少行人泪。西北望长安⑤，可怜无数山⑥。

青山遮不住，毕竟东流去。江晚正愁余⑦，山深闻鹧鸪⑧。

注释

①菩萨蛮：词牌名。
②造口：一名皂口，在江西万安县南六十里。
③郁孤台：今江西省赣州市城区西北部贺兰山顶，又称望阙台，因"隆阜郁然，孤起平地数丈"得名。
④清江：赣江与袁江合流处旧称清江。
⑤长安：今陕西省西安市，为汉唐古都，此处代指宋都汴京。
⑥无数山：很多座山。
⑦愁余：使我发愁。
⑧鹧鸪（zhè gū）：鸟名，啼声凄苦。

古词今读

郁孤台下这赣江的水，水中有多少行人的眼泪。我举头眺望西北的长安，可惜只看到无数青山。

但青山怎能把江水挡住？江水毕竟还会向东流去。夕阳西下，我正满怀愁绪，听到深山里传来鹧鸪的鸣叫声。

赏析要点

"郁孤台下清江水"，作者起笔就令人感到他郁愤满怀，"郁孤台"也叫"望阙台"，登台北望朝阙，据说唐代虔州刺史李勉曾登台北望，将台更名为"望阙"，然而作者弃而不用，"郁孤台"三字，由于汉字形、声、义具体可感，给人劈面就带来满腔磅礴的激愤！《万安县志》云："赣水入万安境，初落平广，奔激响溜。"此江激流奔腾，"君问能有几多愁，恰似一江春水向东流"，这奔腾的流水将满腔的激愤铺垫到了极致！

"中间多少行人泪。"行人泪字字是泪，直点江西造口当年事。建炎三年，西路金兵穷追隆祐，东路金兵则渡江攻陷建康、临安，高宗被迫浮舟海上，南宋政权正处于危急存亡之秋。词人身临隆祐太后被追之地，痛感建炎国脉如缕之危，愤金兵之猖狂，羞国耻之未雪，乃将满怀之悲愤，化为此悲凉之句：这满江的清水，竟不全是水，里面满是逃难百姓们的泪水！

"西北望长安，可怜无数山。"前句暗用李勉登郁孤台望阙之典，作者的"长安"是指汴京，"西北望"朝阙，然而两者的"望"却又天渊之别！李勉是出守边境的思乡怀人之望，辛弃疾则是家国破亡、家园不再的悲愤之望！后句言视线被眼前的无数青山遮住了。这既是实指，也是虚指。江西赣州和汴京相距数千里，有无数山河阻隔，显然是不言而喻的；作者是以"青山"为喻，喻无数的金兵，更喻当时阻挠抗金的主和派势力！

"青山遮不住，毕竟东流去。"无数青山虽可遮住望向"长安"的视线，却遮不住诗人收复山河的决心，更遮不住世道人心！作者以江水为喻，赣江之水，奔腾向前势不可挡，当时爱国志士与广大人民群众恢复中原的愿望与决心，主和派怎能压住呢？爱国者抗金的强烈意志必将战胜一切阻力。

"江晚正愁余，山深闻鹧鸪。"胜利终将属于人们，然而现实却是那么的骨感。词情词境在此作一大顿挫。江晚山深，鹧鸪声声，现实中自己身处困境，无法挥师北上收复山河，鹧鸪"行不得也哥哥""之声更像是中原父老同胞之哀告！结笔正是写出了抗金不遂，恢复不成的深悲剧痛，也应合上阕开头"郁孤台"意象之沉郁苦闷心绪，满怀忠愤。

辛弃疾这首《菩萨蛮》，全篇用的是比兴艺术，写极深沉之爱国情思，为南宋爱国精神深沉凝聚之绝唱。

作者掠影

辛弃疾（1140~1207），南宋词人。原字坦夫，改字幼安，别号稼轩，历城（今山东济南）人。出生时，中原已为金兵所占。21岁参加抗金义军，不久归南宋。历任湖北、江西、湖南、福建、浙东安抚使等职。一生力主抗金。曾上《美芹十论》与《九议》，条陈战守之策。其词抒写力图恢复国家统一的爱国热情，倾诉壮志难酬的悲愤，对当时执政者的屈辱求和颇多谴责；也有不少吟咏祖国河山的作品。其词题材广阔，善化用前人典故，风格沉雄豪迈又不乏细腻柔媚。由于辛弃疾的抗金主张与当政的主和派政见不合，被弹劾落职，曾长期落职闲居于江西上饶、铅山一带。韩侂胄当政时一度起用，不久病卒。

延伸阅读

辛弃疾与《美芹十论》

《美芹十论》为南宋爱国词人辛弃疾所作，该书从第一论以至于第十论，无一不是精辟之论。同时，这也是一部很好的军事论著，有着很高的研究价值。除此之外，《美芹十论》成了辛弃疾的代名词，郭沫若先生为辛弃疾墓写过一副挽联："铁板铜琶，继东坡高唱大江东去；美芹悲黍，冀南宋莫随鸿雁南飞。"

"芹"指芹菜。《列子·扬朱》篇载：有人向同乡富豪赞美芹菜好吃，结果富豪吃了反倒嘴肿闹肚子。后人以"献芹"称所献之物菲薄，以示诚意。1165年，辛弃疾写了10篇论文，又称《美芹十论》，分"审势第一、察情第二、观衅第三、自治第四、守淮第五、屯田第六、致勇第七、防微第八、久任第九、详战第十"，详尽地陈述抗金救国、收复失地、统一中国的大计。《美芹十论》是辛弃疾的呕心沥血之作，是对宋、金双方国情民意以及和战问题的最全面、最精辟、最系统的分析总结，所论皆有的放矢、高屋建瓴，带有指导全局的意义，显示了辛弃疾政治上的远见卓识和英伟磊落的文风。

然而，由于南宋朝廷无心北归，故《美芹十论》便无用武之地。而从此"美芹"也就成了与"悲黍"共同成为忧国忧民的代名词。关于"黍离"，据史书记载，周室东迁后，周朝志士回到故都，见昔日宗庙夷为田地，黍苗丛生，便悲国家之颠覆，故《诗经》有《黍离》篇。从此"黍离之悲"用以指亡国之痛。

考试链接

1. 下列关于本词的理解和分析，不正确的一项是（　　）

A. 开头两句起笔不凡，词人由眼前的"清江水"联想到"行人泪"，将无限哀痛、满腹幽怨巧妙地传达出来。

B. 三、四句写词人遥望汴京，眼前无数峰峦让他触目伤怀，自感年华已逝，功名难就，因而心生恨意。

C. 五、六句中"遮不住"三字将青山周匝围堵之感一笔推倒，"毕竟"二字使表达的情感更为深沉复杂。

D. 这首词以眼前景道心上事，寓悲愤之情于宏阔之景，丰厚蕴藉，沉郁顿挫，颇有"老杜"之风。

2. 词也称_____，"菩萨蛮"是这首词的___，从字数看，这首词是一首_____。本词作者辛弃疾是宋代词坛上两大流派之_____的代表，这一词派是宋代大词人_____开创的，另一大流派是_____。

编注者：李宏发

【参考答案】
1. B
2. 长短句（曲词或曲子词、诗余）　词牌　小令　豪放派　苏轼　婉约派

[明] 陈 《天香书屋图》

苏幕遮

[宋] 周邦彦

燎^①沉香^②，消溽暑^③。鸟雀呼晴^④，侵晓^⑤窥檐语。叶上初阳干宿雨^⑥，水面清圆^⑦，一一风荷举^⑧。

故乡遥，何日去？家住吴门^⑨，久作长安^⑩旅^⑪。五月渔郎相忆否？小楫^⑫轻舟，梦入芙蓉浦^⑬。

注释

①燎（liáo）：烧。
②沉香：木名，其芯材可作熏香料。
③溽（rù）暑：潮湿的暑气。沈约《休沐寄怀》诗："临池清溽暑，开幌望高秋。"溽，湿润潮湿。
④呼晴：唤晴。旧有鸟鸣可占晴雨之说。
⑤侵晓：快天亮的时候。侵，渐近。
⑥宿雨：昨夜下的雨。
⑦清圆：清润圆正。
⑧风荷举：意味荷叶迎着晨风，每一片荷叶都挺出水面。举，擎起。司空图《王官二首》诗："风荷似醉和花舞，沙鸟无情伴客闲。"
⑨吴门：古吴县城亦称吴门，即今江苏苏州，此处以吴门泛指江南一带。作者乃江南钱塘人。
⑩长安：原指今西安，唐以前此地久作都城，故后世每借指京都。词中借指汴京，今河南开封。
⑪旅：客居。
⑫楫（jí）：划船用具，短桨。
⑬芙蓉浦：有荷花的水边。有溪涧可通的荷花塘。词中指杭州西湖。唐张宗昌《太平公主山亭侍宴》诗："折桂芙蓉浦，吹箫明月湾。"浦，水湾、河流。芙蓉，又叫"芙蕖"，荷花的别称。

古词今读

盛夏酷暑时节,我细焚沉香,来消除夏天闷热、潮湿的暑气。雨过天晴,鸟雀欢快地在鸣叫。拂晓时分,我偷偷听它们在屋檐下的"言语"。初升的阳光蒸干了荷叶上隔夜的雨水,水面上的荷叶看上去更加清新圆润,一张张圆圆的荷叶铺满水面。一株株荷花亭亭玉立在荷叶间,微风吹过,微微颤动着更显得丰姿绰约。

故乡遥遥,就在那莲叶田田的江南,羁旅京师已经很久,什么时候才能回去呢?我家本在吴越一带,而我却长久地客居长安。五月,故乡小时候的伙伴是否在想念着我呢?划着小船,我在梦中来到了荷花塘。

赏析要点

这首词由眼前的荷花想到故乡的荷花。游子浓浓的思乡情,向荷花娓娓道来,构思尤为巧妙别致。词分上下两片。上片主要描绘荷花姿态,下片由荷花生发开去,梦回故乡。

上片写的是一个夏日的清晨,词人点燃了沉香以驱散潮湿闷热的暑气。鸟雀在窗外欢呼着,庆祝天气由雨转晴。在词人眼里,鸟雀仿佛有着人一样的喜怒哀乐,她们也会"呼"也爱"窥",如同调皮的孩子一般活泼可爱。这几句描写看似漫不经心,实际上作者是在为下面写荷花的美丽作感情上的铺垫。"叶上初阳干宿雨、水面清圆,一一风荷举。"国学大师王国维评:"此真能得荷之神理者。"先不说神理如何,仅是字句的圆润,就足以流传千古。

荷花点燃了词人的思乡情,下片开头他就扪心自问,何时才能重归故里呢,那美丽的吴门,苏小小居住的地方。"久"字体现了作者对漂泊生活尤其是仕途生活的厌倦,在其他作品中词人一再以"京华倦客"自称,可见他早已淡泊功名而魂系故乡。"五月渔郎相忆否?小楫轻舟,梦入芙蓉浦。"结尾三句,词人恍惚间飞到了五月的江南,熟悉的渔郎正在河上摇着小船,穿梭于层层叠叠的莲叶……这时词人忍不住喊道:打渔的大哥,还记得我吗?我是美成啊!情到深处意转痴,词人用一个白日梦结尾,给人留下无限的情思和遐想。

这首词写游子的思乡情结,写景写人写情写梦皆语出天然,不加雕饰而风情万种。通过对清圆的荷叶、五月的江南、渔郎的轻舟这些情景进行虚实变幻的描写,思乡之苦表达得淋漓尽致。

作者掠影

周邦彦（1057~1121），北宋末期著名的词人，字美成，号清真居士，钱塘（今浙江杭州）人。历官太学正、庐州教授、知溧水县等。徽宗时为徽猷阁待制，提举大晟府。精通音律，曾创作不少新词调。作品多写闺情、羁旅，也有咏物之作。格律谨严。语言典丽清雅。长调尤善铺叙。为后来格律派词人所宗。旧时词论称他为"词家之冠"。有《清真集》传世。

延伸阅读

周邦彦与柳永、苏轼的不同

北宋词坛，柳俗、苏雅各自构体开派，但又未免偏于一端。周邦彦继之而来，取柳、苏之所长的同时救偏补弊，将词体引入更趋于成熟化、典雅化的发展轨迹。固然，周邦彦艺术上的开阔气度不如柳永，内容上的拓新境界逊于苏轼，但其词在表现形式上穷极工巧，既讲究言情之含蕴清丽、词句之精工圆润，又着力于篇章之缜密变化、声律之谨严和婉，这是柳、苏词未能所及的。周邦彦词折中于柳俗、苏雅之间，另开浑雅典丽一派，亦雅亦俗而又去俗从雅，达到了雅俗共赏的至高审美境界。

柳永和周邦彦是宋词发展史上两个里程碑式的词人。两人都是知音识曲的风流才子，因为其词的协律、言情，词风婉约，后人多以"柳、周"并称，视为一派词人。柳永和周邦彦皆长于羁旅行役词，然彼此风调各异，柳词"奇爽疏快"，周词"深静和雅"。柳永秉有宋士林中罕见的"狂放"性格，周邦彦则渐染漆园意趣。柳词在形式上有创辟之功，周词后出转精，而缺乏高远的诗人之致，则是他们共同的不足。但是词在发展过程中一直存在着的体性上的雅、俗之争，又使后人把他们截然分作代表俗雅两种对立风格的词家，二人在封建正统士人中的地位也因此而相差悬殊。

考试链接

1. "鸟雀呼晴，侵晓窥檐语。"赏析"呼"和"窥"的妙处。
2. 词的上片，词人调动了哪些感觉器官？

编注者：郑苏维

【参考答案】

1. 一是拟人手法的运用："呼"字，极为传神，用拟人修辞充满人性化，暗示昨夜雨，今朝放晴。"侵晓窥檐语"，更是鸟雀多情，窥檐而告诉人以新晴之欢，生动而有风致。二是反衬手法的运用："蝉噪林愈静，鸟鸣山更幽"，体现的就是以闹写静写法。

2. 嗅觉、听觉和视觉。

   "燎沉香"句，虽可构成烟雾缭绕的画面，但这句并非动作的刻画，而是就嗅觉这方面来描述的。

   "鸟雀呼晴"是醒后的第二个感受，这是从听觉方面来写的。

   "侵晓窥檐语"，是醒后的第三个感受，是从视觉方面来写的。"语"，在这里不光是鸣声，而是侧重于刻画鸟鸣时摇头张口与尾部翕张抖颤的动作，这是视觉的形象。

   "叶上初阳干宿雨"三句是第二层。这两句是词中的重点，是词人来至户外之所见。

佚名 《白莲社图》（局部）

佚名 《白莲社图》（局部）

客至[1]

[唐] 杜甫

扫一扫，听朗读

舍[2]南舍北皆春水，但见[3]群鸥日日来。

花径[4]不曾缘客扫，蓬门[5]今始为君开。

盘飧[6]市远[7]无兼味[8]，樽[9]酒家贫只旧醅[10]。

肯[11]与邻翁相对饮，隔篱呼取尽余杯[12]。

注释

[1]客至：客指崔明府，杜甫在题后自注："喜崔明府相过"。明府，唐人对县令的称呼。相过，即探望、相访。
[2]舍：指家。
[3]但见：只见。
[4]花径：长满花草的小路。
[5]蓬门：用蓬草编成的门户，以示房子的简陋。
[6]飧（sūn）：熟食。
[7]市远：离市集远。
[8]兼味：多种美味佳肴。
[9]樽：酒器。
[10]旧醅（pēi）：隔年的陈酒。醅，酒之未经过滤者。
[11]肯：能否允许，这是向客人征询。
[12]余杯：余下来的酒。

古诗今读

房前屋后都是一波春水，只见群鸥日日飞去归来。

长满花草的庭院小路没有因为迎客而打扫，只是为了你的到来，我家草门首次打开。

集市太远，盘中的饭菜实在简单；家境贫寒，只有陈年浊酒招待。

如肯与邻家老翁举杯一起对饮，那我就隔着篱爸将他唤来。

赏析要点

此诗是上元二年（761年）春天，杜甫五十岁时，在成都草堂所作。杜甫在历尽颠沛流离之后，终于结束了长期漂泊的生涯，在成都西郊浣花溪头盖了一座草堂，暂时定居下来。诗人在久经离乱、安居草堂后不久，客人来访时作了这首诗。

首联先从户外的景色着笔，点明客人来访的时间、地点和来访前夕作者的心境。"舍南舍北皆春水"，把绿水缭绕、春意荡漾的环境表现得十分秀丽可爱，这就是临江近水的成都草堂。"皆"字暗示出春江水势涨溢的情景，给人以江波浩渺、茫茫一片之感。群鸥，在古人笔下常常作水边隐士的伴侣，它们"日日"到来，点出环境清幽僻静，为作者的生活增添了隐逸的色彩。"但见"，含弦外之音：群鸥固然可爱，而不见其他的来访者，也是过于单调。诗人寓情于景，表现了他在闲逸的江村中的寂寞心情。这就为贯穿全诗的喜客心情，巧妙地做了铺垫。

颔联把笔触转向庭院，引出"客至"。作者采用与客谈话的口吻，增强了宾主接谈的生活实感。上句说，长满花草的庭院小路，还没有因为迎客打扫过。下句说，一向紧闭的家门，今天才第一次为你崔明府打开。寂寞之中，佳客临门，一向闲适恬淡的主人不由得喜出望外。这两句，前后映衬，情韵深厚。前句不仅说客不常来，还有主人不轻易延客意，今日"君"来，益见两人交情之深厚，使后面的酣畅欢快有了着落。后句的"今始为"又使前句之意显得更为超脱，补足了首联两句。

以上虚写客至，下面转入实写待客。作者舍弃了其他情节，专拈出最能显示宾主情份的生活场景，重笔浓墨，着意描画。"盘飧市远无兼味，樽酒家贫只旧醅"，仿佛看到作者迎客就餐、频频劝饮的情景，听到作者抱歉酒菜欠丰盛的话语：远离街市买东西真不方便，菜肴很简单，买不起高贵的酒，只好用家酿的陈酒，请随便进用吧！家常话语听来十分亲切，很容易从中感受到主人竭诚尽意的盛情和力不从心的歉疚，也可以体会到主客之间真诚相待的深厚情谊，字里行间充满了款曲相通的融洽气氛。

"客至"之情到此似已写足，如果再从正面描写欢悦的场面，显然露而无味，诗人巧妙地以"肯与邻翁相对饮，隔篱呼取尽馀杯"作结，把席间的气氛推向更热烈的高潮。诗人高声呼喊着，请邻翁共饮作陪。这一细节描写，细腻逼真。可以想见，两位挚友真是越喝酒意越浓，越喝兴致越高，兴奋、欢快，气氛相当热烈。就写法而言，结尾两句真可谓峰回路转，别开境界。

作者掠影

杜甫（712~770），唐代伟大的现实主义诗人。字子美，自号少陵野老。后世称其杜拾遗、杜工部，也称他杜少陵、杜草堂。祖籍襄阳，河南巩县（今河南省巩义）人。杜甫出身于京兆杜氏，乃北方的大士族。自小好学，七岁能作诗，"七龄思即壮，开口咏凤凰"，有志于"致君尧舜上，再使风俗淳"。但是由于生活在唐王朝由盛到衰的转折时期，一生坎坷，终不得志。所以虽然有过二十岁起年少优游的经历，却仕途不顺，历经战乱流离，中年短暂为官，后在西南漂泊，最终在江舟长逝。

杜甫一生心系天下，忧国忧民，人格高尚，诗艺精湛，被后人称为"诗圣"；其诗大胆揭露当时社会矛盾，对穷苦人民寄予深切同情，内容深刻。许多优秀作品，显示了唐代由盛转衰的历史过程，如《春望》《北征》《三吏》《三别》等名作，因此被称为"诗史"。在艺术上，善于运用各种诗歌形式，尤长于律诗；风格多样，而以沉郁为主；语言精练，具有高度的表达能力。他和李白是唐代两座并起的高峰，如果说李白处在向上走的那一面山峰，杜甫则处于向下走的那一面。虽然杜甫是个现实主义诗人，但他也有狂放不羁的一面，从其名作《饮中八仙歌》不难看出杜甫的豪气干云。杜甫虽然在世时名声并不显赫，但后来声名远播，对中国文学和日本文学都产生了深远的影响。杜甫共有约1500首诗歌被保留了下来，大多集于《杜工部集》

延伸阅读

杜甫的身世

杜甫出身于京兆杜氏，一个北方的大士族。其远祖为汉武帝有名的酷吏杜周。他与唐代另一大诗人即"小李杜"的杜牧同为晋代大学者、名将杜预之后。不过两支派甚远，杜甫出自杜预次子杜耽，而杜牧出自杜预少子杜尹。

杜甫的祖父为唐初诗人杜审言。杜审言很有才华，但恃才傲世。少与李峤、崔融、苏味道合称"文章四友"。唐高宗咸亨元年（670年）擢进士第，为隰城尉。后转洛阳丞。武后圣历元年（698年），坐事贬吉州司户参军。却在此时得罪同事郭若讷、长官周季重，两人合谋诬陷杜审言，定了死罪。杜甫的叔叔杜并年十三，刺杀周季重，事震朝野。

杜审言因此不死，被武则天召入京师。又因欣赏其诗文，授著作佐郎，官至膳部员外郎。后因勾结张易之兄弟，被流放到峰州。但不久又被诏回。

杜甫的父亲为杜审言长子杜闲，生母为清河东武城人，但在其出生后不久就去世，父亲续娶卢氏。杜甫由其姑母抚养长大。杜甫有兄长，早夭，三个同父异母弟及一同父异母妹，杜甫在诗中常提及他们。但杜甫极少提到继母。

考试链接

1. 首联描绘了怎样的环境？赏析"皆"字。
2. 颔联描写景物，在空间上有何变化？体味作者的情感。
3. 作者待客选取了哪些细节？待客两句传达出了哪些信息？
4. 尾联细节描写表现了诗人隐居生活怎样的快乐？

编注者：刘艳娥

【参考答案】

1. 首联描绘了草堂环境的清幽，景色的秀丽，点明时令、地点和环境。
   "皆"字写出春江水势涨溢的情景，给人以江波浩渺、茫茫一片之感。
2. 颔联由外转内，从户外的景色转到院中的情景，引出"客至"。
   用与客人谈话的口吻，增强了生活实感，表现了诗人喜客之至，待客之诚。
3. 作者选取了最能显示宾主情意的生活场景，着意描画。
   ①主人盛情招待，频频劝饮，却因力不从心，酒菜欠丰，而不免歉疚。
   ②我们仿佛听到那实在而又亲切的家常话，字里行间充满了融洽气氛。
4. 尾联以邀邻助兴的精彩细节，出人料想地笔意一转。这令人想到陶渊明的"过门更相呼，有酒斟酌之"。无须事先约请，随意过从招饮，是在真率纯朴的人际关系中所领略的绝弃虚伪矫饰的自然之乐。

［清］ 冷枚 《簪花仕女图》

菩萨蛮

[唐] 温庭筠

小山①重叠金明灭②,鬓云③欲度④香腮雪⑤。懒起画蛾眉⑥,弄妆⑦梳洗迟。照花前后镜,花面交相映。新贴绣罗襦⑧,双双金鹧鸪⑨。

注释

①小山:眉妆的名目,指小山眉,弯弯的眉毛。另外一种理解为:小山是指屏风上的图案,由于屏风是折叠的,所以说小山重叠。
②金明灭:形容阳光照在屏风上金光闪闪的样子。一说描写女子头上插戴的饰金小梳子重叠闪烁的情形,或指女子额上涂成梅花图案的额黄有所脱落而或明或暗。金,指唐时妇女眉际妆饰之"额黄"。明灭,隐现明灭的样子。
③鬓云:像云朵似的鬓发。形容发髻蓬松如云。
④欲度:将掩未掩的样子。度,覆盖,过掩,形容鬓角延伸向脸颊,逐渐轻淡,像云影轻度。
⑤香腮雪:香雪腮,雪白的面颊。
⑥蛾眉:女子的眉毛细长弯曲像蚕蛾的触须,故称蛾眉。一说指元和以后叫浓阔的时新眉式"蛾翅眉"。
⑦弄妆:梳妆打扮,修饰仪容。
⑧罗襦:丝绸短袄。
⑨鹧鸪:贴绣上去的鹧鸪图,这说的是当时的衣饰,就是用金线绣好花样,再绣贴在衣服上,谓之"贴金"。

古词今读

美人头发重重叠叠中的金背小梳在日光的照射下闪烁不定,像乌云一般的头发轻拂着雪白的脸庞,娇慵起身画着细长弯曲的眉毛,缓缓摆弄着妆容,拿前后两面镜子照看头上的饰花,花与容颜交互辉映在镜子里。将画好的新贴绣在短袄上,图案是成双成对难以分离的金鹧鸪。

赏析要点

这是一首写深闺美女懒起梳妆的图画，"鬓云""香腮雪""蛾眉"几个词写出了女子的美丽，"懒起"一词写出女子对梳妆打扮并无兴致，"弄"一词便显示无聊已极而借此消遣的意味，煞拍（即最后一句）一句点出了女子心思，如此慵懒，是因为心爱的人不在身边。这首《菩萨蛮》，为了适应宫廷歌伎的声口，也为了点缀皇宫里的生活情趣，把妇女的容貌写得很美丽，服饰写得很华贵，体态也写得十分娇柔，仿佛描绘了一幅唐代仕女图。

小山，眉妆之名目，晚唐五代，此样盛行，见于《海录碎事》，为"十眉"之一式。

重，在诗词韵语中，往往读平声而义为去声，或者反是，全以音律上的得宜为定。此处声平而义去，方为识音。叠，相当于蹙眉之蹙字义，唐诗有"双蛾叠柳"之语，正此之谓。金，指唐时妇女眉际妆饰之"额黄"，故诗又有"八字宫眉捧额黄"之句，其良证也。

已将眉喻为山，再将鬓喻为云，再将腮喻为雪，是谓文心脉络。盖晨间闺中待起，其眉蹙锁，而鬓已散乱，其披拂之发缕，掩于面际，故上则微掩眉端额黄，在隐现明灭之间；下则欲度腮香，——度实亦微掩之意。如此，山也，金也，云也，雪也，构为一幅春晓图，十分别致。

上来两句所写，待起未起之情景也。故第三句紧接懒起，起字一逗——虽曰懒起，并非不起，是娇懒迟迟而起也。闺中晓起，必先梳妆，故"画蛾眉"三字一点题——正承"小山"而来。"弄妆"再点题，而"梳洗"二字又正承鬓之腮雪而来。其双管并下，脉络最清。然而中间又着一"迟"字，远与"懒"相为呼应，近与"弄"字互为注解。"弄"字最奇，因而是一篇眼目。一"迟"字，多少层次，多少时光，多少心绪，多少神情，俱被此一字包尽矣。

梳妆虽迟，终究须有完毕之日，故过片重开，即写梳妆已罢，最后以两镜前后对映而审看梳妆是否合乎标准。其前镜，妆台奁内之座镜也；其后镜，手中所持之柄镜也——俗呼"把儿镜"。所以照者，为看两鬓簪花是否妥恰，而两镜之交，"套景"重叠，花光之与人面，亦交互重叠，至于无数层次！以十个字写此难状之妙景，尽得神理，实为奇绝之笔。

词笔至此，写梳妆题目已尽其能事了，后面又忽有两句，又不知为何而设？新贴，新鲜的"花样子"，剪纸做成的，贴于绸帛之上，当作刺绣的"蓝本"。盖言梳妆既妥,遂开始一日之女红:刺绣罗襦,而此新样花贴,偏偏是一双一双的鹧鸪图纹。闺中之人,见此图纹,不禁有所感触。此处之所感所触,乃与开头之山眉深蹙,梦起迟妆者相应。由此一例足见飞卿词极工于组织联络,回互呼应之妙。

词的上片,写床前屏风的景色及梳洗时的娇慵姿态;下片写妆成后的情态,暗示了人物孤独寂寞的心境。全词委婉含蓄地揭示了人物的内心世界,并成功地运用反衬手法。鹧鸪双双,反衬人物的孤独;容貌服饰的描写,反衬人物内心的寂寞空虚。表现了作者的词风和艺术成就。

作者掠影

温庭筠(约812~866),唐代诗人、词人。本名岐,字飞卿,太原祁县(今山西祁县东南)人。富有天才,文思敏捷,每入试,押官韵,八叉手而成八韵,所以也有"温八叉"之称。然恃才不羁,又好讥刺权贵,多犯忌讳,取憎于时,故屡举进士不第,长被贬抑,终生不得志。官终国子助教。精通音律。

工诗,与李商隐齐名,时称"温李"。其诗辞藻华丽,浓艳精致,内容多写闺情。其词艺术成就在晚唐诸词人之上,为"花间派"首要词人,对词的发展影响较大。在词史上,与韦庄齐名,并称"温韦"。存词七十余首。后人辑有《温飞卿集》及《金奁集》。

延伸阅读

才高累身

咸通六年(865年),温庭筠出任国子助教,次年,以国子助教主国子监试。曾在科场屡遭压制的温庭筠,主试与众不同,严格以文判等后,"乃榜三十篇以振公道",并书榜文曰:"右,前件进士所纳诗篇等,识略精进,堪神教化,声调激切,曲备风谣,标题命篇,时所难著,灯烛之下,雄词卓然。诚宜榜示众人,不敢独断华藻。并仰榜出,以明无私。"将所试诗文公布于众,大有请群众监督的意思,杜绝了因人取士的不正之风,在当时传为美谈。

而此举又给温庭筠带来了不幸。他完全以文判等,且榜之于众,已遭权贵不满,又所榜诗文中有指斥时政,揭露腐败者,温庭筠称赞"声调激切,曲备风谣",更为权贵所忌恨。所以,宰相杨收非常恼怒，将温庭筠贬为方城尉。因主持公道而招忌被贬，所以纪唐夫送其赴方城时，诗云："且饮绿醑销积恨，莫辞黄绶拂行尘。"遭受此次打击，再次被贬，年事已高的温庭筠在咸通七年（866年）冬抑郁而死。《唐才子传》云"竟流落而死"。未知到方城后不久而死，还是未到方城便死了。一代才子，困顿失意而死，千载而下，人共憾之。他恃才傲物，蔑视权贵。所以纪唐夫送他赴方城诗又云："凤凰诏下虽沾命，鹦鹉才高却累身。"

当时权贵，可以排挤、压制温庭筠，使他仕途多舛，生活坎坷，却压制不了温庭筠的才华。温庭筠终以他杰出的文学成就成为文学史上千古不朽的诗人。

考试链接

1. "花面交相映"化用了唐代诗人谁的诗句？
2. 简要赏析"新贴绣罗襦，双双金鹧鸪"两句。
3. 词中刻画了一个怎样的人物形象？请结合文本与背景材料进行赏析。

编注者：姚红侠

【参考答案】

1. 崔护的"人面桃花相映红"。
2. 最后两句运用反衬手法，以绣罗襦上的金鹧鸪的成双成对反衬美妇的孤独和寂寞。
3. ①词中刻画了一个因无人赏爱而感到寂寞孤独、娇柔慵懒、自怜自赏的闺中思妇的形象。②词的上阕写思妇的容貌：脸蛋雪白、芳香，头发像浓云一般，眉毛细长而弯曲，可见出少妇容颜之美；"懒"字与"迟"字说明女主人公对打扮毫无兴致，表现出她无人赏爱的苦闷。下阕写妆后照镜自赏，无意中看到衣服上有新贴的双双鹧鸪，以鹧鸪的成双成对反衬出她的孤独寂寞。③思妇形象是作者怀才不遇生活的真实写照，既表达了作者的同情之心，也抒发了自己内心无人赏识的孤独寂寞之情。

［明］仇英 《松溪横笛图轴》

登 快 阁[①]

[宋] 黄庭坚

痴儿[②]了却[③]公家事，快阁东西倚[④]晚晴。

落木[⑤]千山天远大，澄江[⑥]一道月分明[⑦]。

朱弦已为佳人绝[⑧]，青眼聊因美酒横[⑨]。

万里归船弄长笛，此心吾与白鸥盟[⑩]。

注释

①快阁：位于吉州太和县（今江西泰和）东澄江（赣江）之上，以"江山广远、景物清华"著称。
②痴儿：作者自称。语出《晋书·傅咸传》："生子痴，了官事，官事未易了也，了事正作痴，复为快耳。"作者用戏谑之词称自己为驽钝的做官人。
③了却：事情办完，处理好。
④倚：倚靠。
⑤落木：落叶。
⑥澄江：赣江。
⑦分明：明亮。
⑧"朱弦"句：用伯牙、钟子期故事。《吕氏春秋·本味》："钟子期死，伯牙破琴绝弦，终身不复鼓琴，以为世无足复为鼓琴者。"该典故意在表明自己心怀志事，却无人知晓。朱弦，指琴；佳人，指知音。
⑨"青眼"句：用阮籍故事。《晋书·阮籍传》："籍又能为青白眼，见礼俗之士，以白眼对之。及嵇喜来吊，籍作白眼，喜不怿而退。喜弟康闻之，乃赍酒挟琴造焉，籍大悦，乃见青眼。"该典故意在表明自己情志高洁，不愿与谄媚之人同流合污。青眼，正眼看人，表示对他人的喜爱与尊重；聊。姑且。

⑩ "此心"句：据《列子·黄帝》："海上之人有好沤（鸥）鸟者，每旦之海上从沤鸟游，沤鸟之至者，百住而不止。其父曰：'吾闻沤鸟皆从汝游，汝取来吾玩之。'明日之海上，沤鸟舞而不下也。"该典故意在表明作者不愿被世俗束缚，渴求像鸥鸟一般自在无碍地遨游于广阔天地，作者追求的不仅是身体的轻松，更是精神的自由。

古诗今读

老夫这个驽钝的做官人终于忙完了一天的公务，真是无事一身轻啊，趁着秋雨初霁，夜色未临，不妨去快阁走一遭吧。登上快阁，倚靠楼阁，环顾四周，群山绵延，落叶纷纷，霎时间，天地愈显宏阔壮观。空气清新，澄江静澈，今晚的月亮格外明亮。哎，世间恐怕很难再有与我同弹琴弦、共赏月色、知我心志的人了吧。姑且借美酒来提高我的兴致，让我忘却这世间烦恼吧。好想驾一叶扁舟，吹一首小曲儿，随波走到那绝世俗、去机心的远方，同那自由的鸥鸟一起遨游广阔的天空！

赏析要点

元丰五年（1082年），作者黄庭坚38岁，正值壮年，时任吉州太和县（今江西泰和）县令。在此期间作者创作了大量诗歌，内容丰富，或批判社会现实，或同情贫民百姓，或抒情言志等。本诗集叙事、写景、抒情为一体，诗意饱满、诗境宏阔、语言优美，堪称作者壮年时期的巅峰之作。

"痴儿了却公家事，快阁东西倚晚晴。"首联叙写作者忙完公事，心情愉悦，晚登快阁之事，构思巧妙。首句中作者以"痴儿"自称，初读似有戏谑之意，反复咀嚼之后，体会到的是一种作者面对现实状况的无奈。当时，正值实施新法，一些官员唯利是图、吏曹频繁扰民、百姓生活贫苦，但作者在任职太和三年间，能够为官清廉，同情百姓，实为不易。作者有诗言"民病我亦病，呻吟达五更"，这体现的是儒家民本思想。与此同时，作者又言"身欲罢官去，驽马恋豆糠"，从中可见作者内心深处的两种矛盾，一是想为百姓排忧解难，却无力与当时的黑暗环境相抗衡，一是想弃官归隐，却又想在仕途中有所建树。从这两种矛盾，可见作者自称"痴儿"的无奈。但所有的无奈似乎在登上快阁的一刹那烟消云散，从一"倚"字可见作者当时休闲、自在、放松的神态。

"落木千山天远大，澄江一道月分明。"颔联着重写作者登上快阁所见之景。雨后初晴，空气清新，作者心情愉悦，登上快阁，环顾四周，群山绵延，落叶纷纷，可见天之远大。江水澄澈，月光洒满整个江面，可见月之分明，使人不禁想起南朝谢朓的名句"余霞散成绮，澄江静如练"。整句诗气象阔远，境界宏大。

"朱弦已为佳人绝，青眼聊因美酒横。"颈联用两个典故表明作者心志，抒发感慨。先用伯牙绝弦的典故，表明知音难求，心事少有人懂。后用阮籍能为青白眼的典故，抒发自己不愿与追逐功名利禄之人为伍，表现作者洒脱孤傲的情怀。尤其"横"字的使用，平实自然。

"万里归船弄长笛，此心吾与白鸥盟。"尾联两句表明作者有弃官归隐之意。"万里"二字在写距离之长，给人一种渺远之感。这两字大概可有两种理解，一是去万里外的远方，二是不做官，回故乡。与后文紧密相关。紧接着一"归"字表明作者归隐之意。"此心"是何心？是归隐之心，是不愿在宦海间沉浮之心，是想回归故乡、拥抱自然之心，是想如白鸥一样自在无碍邀游于天地之心啊！诚如潘伯鹰所言"一气盘旋而下，而中间抑扬顿挫又极浏亮"。

作者掠影

黄庭坚（1045~1105），北宋著名文学家、书法家。字鲁直，自号山谷道人，晚号涪翁，洪州分宁（今江西修水）人。早年以诗文受知于苏轼，与张耒、晁补之、秦观并称"苏门四学士"。与苏轼齐名，世称"苏黄"。开创江西诗派，诗以杜甫为宗，有"夺胎换骨""点铁成金"之论，风格瘦硬奇拗。宋末诗人方回把杜甫、黄庭坚、陈师道、陈与义称为江西诗派的"一祖三宗"，其中杜甫为"一祖"，其余三人为"三宗"。擅长行书、草书，是"宋四家"之一。有《山谷集》《山谷琴趣外篇》。

延伸阅读

神童黄庭坚

宋仁宗庆历五年（945年），黄庭坚在分宁县双井村中的一个官宦人家呱呱坠地。父黄庶，母李氏。父亲做幕僚，嗜诗，编有《伐檀集》。母舅李常，熙丰年间是苏东坡的至交。黄庭坚后来的岳父孙觉，也是苏轼一辈子的好朋友。

修水风光好，黄家书香浓。

黄庭坚五岁诵五经。他问老师：不是说有六经吗？老师摸着胡子，莫测高深地回答他：《春秋》不算经。这个好读书的小孩儿拗劲上来了，偏找《春秋》读，一年，倒背如流，四邻惊讶。

黄庶屡做幕僚小官，希望长子、次子有出息，于是苦心营造家里的书香氛围。黄庭坚周岁"晬盘抓周"，小手不抓金和银，单抓笔砚墨，做父亲的，不禁两眼放光。黄庶宦游在外时，知书的妻子李氏、博学的妻弟李常，轮番辅导黄庭坚的诗书功课。

儿童被书卷所包围。骑在牛背上也读书，脑子里生出大人们的思绪。八岁作《牧童》云："骑牛远远过前村，吹笛风斜隔垄闻。多少长安名利客，机关用尽不如君。"

《牧童》诗轰动了双井村，稍有学问的人家争相传诵，秀才处士闲坐修水边，喝着双井茶，谈论着神童般的黄庭坚。

村里村外人人夸，小孩儿心里乐开花。就在他八岁这一年秋，又有惊人之作《送人赴举》："青衫乌帽芦花鞭，送君直至明主前。若问旧时黄庭坚，谪在人间有八年。"他自视为贬在人间的文曲星。

次年春天，舅舅李常拿庭院外的桑树考他，出对联曰："桑养蚕，蚕作茧，茧抽丝，丝织锦绣。"

黄庭坚挠头皮，转转眼珠子，写出了下联："草藏兔，兔生毫，毫扎笔，笔写文章。"李常大喜，送他一支名贵的张武笔。他得了好笔复求名砚，再作下联曰："土包石，石凿砚，砚研墨，墨舞龙蛇。"

李常点头称是，又送他端砚。却笑问外甥：九郎才尽否？若有第三个对仗工稳的下联，舅舅送你半丸李承晏墨。

李承晏墨丸，是皇宫里用的墨，一丸难求，百金不售。黄庭坚猛挠头，却想不出第三句，但说出了豪言壮语：我有了好笔名砚，纵然无佳墨，也能写传世书法！

李常露出怀疑的神情，故意折他锐气，冷冷地说：传世书法，谈何容易！

九岁小孩儿涨红了脸……

舅舅的这一激果然管用。黄庭坚练书法，勤奋不在书圣王羲之之下。每天书几纸，兴来百纸尽，寒暑不废用功。他写字的时候有个甩毛笔的习惯动作，墨水甩到窗外，几丛幽竹俱黑。若干年以后，新长出的竹子也是黑色的，双井村，修水旁，到处都有黑油油的竹竿，分宁人呼为"山谷竹"。又传说他写一个斗大的"山"字，笔力遒劲，镇住了村子里多年游荡捣乱的野鬼。

苏东坡的洗砚池"蛙口俱黑"，黄庭坚的书窗外竹子尽黑。

今日江西修水一带，仍然流传着黄庭坚的许多故事。民间口碑，一传九百余年，而宋徽宗、蔡京于绍圣二年大搞"元祐奸党碑"，并严禁苏黄诗文流传。皇权不可一世，却迅速灰飞烟灭。犹如楚怀王放逐屈原，汉武帝残害司马迁，司马昭杀死嵇中散……君王的所谓"雷霆之怒"，反而成就了汉民族的精英文化。

2010年夏，黄庭坚的书法代表作之一《砥柱铭》，在北京拍卖出四亿三千多万的天价，创中国艺术品售价之最。

历代精英文化，乃是华夏文明的中流砥柱。

（节选自刘小川的《黄庭坚》）

考试链接

1. 下列对这首诗的赏析，不正确的两项是（　　）

A. 首句"了却"二字，渲染出了诗人办完公事后如释重负的欢快心情，与"快阁"之"快"暗相呼应。

B. 诗人登上快阁，在晚晴余晖里倚栏远眺，"倚晚晴"三字不仅传神地写出了诗人的情态，也为下句的描写做了铺垫。

C. 第五句中"朱弦"指琴，"佳人"即美人，引申为知音；这句话是说友人远离，自己早已没有弹琴的兴致。

D. 诗人即使见到美酒，眼中也不会流露出喜悦之色，一个"横"字传神地勾勒出诗人无可奈何、孤独无聊的神情。

E. 尾联以景结情，作者看到眼前的"归船""白鸥"，想到人生羁绊、为官艰辛，真心希望自己早日脱离官场，回到家乡。

2. 这首诗的颔联描绘出一幅什么样的画面？请简要分析。

3. 这首诗表达了诗人多方面的感情，请结合全诗简要分析。

编注者：毛莎莎

【参考答案】

1. DE　D项"青眼"运用阮籍的典故，表示喜爱或尊重；诗人只有见到美酒，眼中才流露出喜色。E项"以景结情"不当，最后一句是直抒胸臆。

2. 颔联描绘了一幅意境开阔、空旷辽远、景象苍茫、明净的暮秋景色图。深秋时节，远远近近无数的山脉，落叶飘零，万木萧疏，天空显得特别高远广阔；朗朗明月笼罩着清澈的江水，江水映着月光，如同一道白练，皎洁明净。

3. ①对公事（官场生活）的厌倦；②对大自然美好景色的热爱；③因世无知己（缺少知音）、不满现实、怀才不遇而借酒浇愁的苦闷和感慨；④还有辞官还乡、回归自然过那种自由自在生活的愿望的流露。

[明] 沈周 《溪山秋色图》

登 高

[唐]杜甫

风急天高猿啸哀,渚①清沙白鸟飞回②。

无边落木③萧萧④下,不尽长江滚滚来。

万里⑤悲秋常作客⑥,百年⑦多病独登台。

艰难⑧苦恨⑨繁⑩霜鬓,潦倒⑪新停⑫浊酒杯。

注释

①渚(zhǔ):水中的小洲;水中的小块陆地。
②鸟飞回:鸟在急风中飞舞盘旋。回,回旋。
③落木:指秋天飘落的树叶。
④萧萧:风吹落叶的声音。
⑤万里:指远离故乡。
⑥常作客:长期漂泊他乡。
⑦百年:犹言一生,这里借指晚年。
⑧艰难:兼指国运衰败和自身命途多舛。
⑨苦恨:极恨,极其遗憾。
⑩繁:增多。
⑪潦倒:衰颓,失意。
⑫新停:刚刚停止。杜甫晚年因病戒酒,所以说"新停"。

古诗今读

天高风急猿声凄切,悲凉之情袭上心头,清澈水中群鸥盘旋,漂泊之意油然而生。

仰视,无边无际的树叶萧萧飘落;俯瞰,浩瀚无涯的江水奔涌而来。

悲对秋色,感叹自己常年漂泊万里之外,正逢重阳,悲慨自己暮年登高倍加思亲。

国运极艰,命途多舛,两鬓如霜又添雪,生活潦倒,身体多病,借酒消愁而不得。

赏析要点

全诗通过登高所见秋江景色,倾诉了诗人长年漂泊、老病孤愁的复杂感情,慷慨激越、动人心弦。

此诗前四句写登高见闻。首联对起,诗人围绕夔州的特定环境,用"风急"二字带动全联,一开头就写成了千古流传的佳句。夔州向以猿多著称,峡口更以风大闻名。秋日天高气爽,这里却猎猎多风。诗人登上高处,峡中不断传来"高猿长啸"之声,大有"空谷传响,哀转久绝"(《水经注·江水》)的意味。诗人移动视线,由高处转向江水洲渚,在水清沙白的背景上,点缀着迎风飞翔、不停回旋的鸟群,真是一幅精美的画图。其中天、风、沙、渚、猿啸、鸟飞,天造地设,自然成对。不仅上下两句对,而且还有句中自对,如上句"天"对"风","高"对"急";下句"沙"对"渚","白"对"清",读来富有节奏感。经过诗人的艺术提炼,十四个字,字字精当,无一虚设,用字遣词,"尽谢斧凿",达到了奇妙难名的境界。

颔联集中表现了夔州秋天的典型特征。诗人仰望茫无边际、萧萧而下的木叶,俯视奔流不息、滚滚而来的江水,在写景的同时,便深沉地抒发了自己的情怀。"无边""不尽",使"萧萧""滚滚"更加形象化,不仅使人联想到落木窸窣之声,长江汹涌之状,也无形中传达出韶光易逝、壮志难酬的悲怆。透过沉郁悲凉的对句,显示出神入化之笔力,确有"建瓴走坂""百川东注"的磅礴气势。前人把它誉为"古今独步"的"句中化境",是有道理的。

前两联极力描写秋景,直到颈联,才点出一个"秋"字。"独登台",则表明诗人是在高处远眺,这就把眼前景和心中情紧密地联系在一起了。"常作客",指出了诗人飘泊无定的生涯。"百年",本喻有限的人生,此处专指暮年。"悲秋"两字写得沉痛。秋天不一定可悲,只是诗人目睹苍凉恢廓的秋景,不由想到自己沦落他乡、年老多病的处境,故生出无限悲愁之绪。诗人把久客最易悲愁,多病独爱登台的感情,概括进一联"雄阔高浑,实大声弘"的对句之中,使人深深地感到了他那沉重也跳动着的感情脉搏。此联的"万里""百年"和上一联的"无边""不尽",还有相互呼应的作用:诗人的羁旅愁与孤独感,就像落叶和江水一样,推排不尽,驱赶不绝，情与景交融相洽。诗到此已给作客思乡的一般含意，添上久客孤独的内容，增入悲秋苦病的情思，加进离乡万里、人在暮年的感叹，诗意就更见深沉了。

尾联对结，并分承五六两句。诗人备尝艰难潦倒之苦，国难家愁，使自己白发日多，再加上因病断酒，悲愁就更难排遣。本来兴会盎然地登高望远，此时却平白无故地惹恨添悲，诗人的矛盾心情是容易理解的。前六句"飞扬震动"，到此处"软冷收之，而无限悲凉之意，溢于言外"（《诗薮》）。

作者掠影

杜甫（712~770），唐代伟大的现实主义诗人，字子美，自号少陵野老，世称"杜工部""杜少陵"等，河南府巩县（今河南省巩义市）人。杜甫被世人尊为"诗圣"，其诗被称为"诗史"。杜甫与李白合称"李杜"，为了跟另外两位诗人李商隐与杜牧即"小李杜"区别开来，杜甫与李白又合称"大李杜"。他忧国忧民，人格高尚，他的约1400余首诗被保留了下来，诗艺精湛，风格沉郁顿挫，在中国古典诗歌中备受推崇，影响深远。

延伸阅读

沉郁顿挫

在笺注杜诗时，杨伦主要从三个层面来解读杜诗"沉郁顿挫"的美学风格。主要表现在：

① "沉郁顿挫"指杜诗写作章法上的纵横捭阖、不拘一格以及意象的雄奇高大所形成的境界。杜诗在书写上往往不拘格法，别出心裁，曲折起伏，这样就形成一种抑扬顿挫的审美效应。如《咏怀五百字》，国家之安危，百姓之疾苦，自己之抱负，家庭之凄惨，当局之荒淫，相互交织，波折起伏，写法上不拘泥前人，真可谓"金声振玉"。

② "沉郁顿挫"指情感波荡起伏的美学呈现。审美从根本上说就是审情，美感乃是情感。杜甫一生颠沛流离，生活遭遇波澜曲折，发而为情，自然波荡起伏。"沉郁"，就是审美意味深沉，审美内涵深邃，它是审美深度的表征。"顿挫"，就是情感的起伏变化、抑扬抗坠、跌宕多姿。"沉郁顿挫"是指深沉的主体情思在跌宕有礼的旋律节奏中得到曲尽其致的表达和起伏有致的表现。宋·罗大经《鹤林玉露》载杜陵诗云："万里悲秋常作客，百年多

病独登台。"万里，地之远也；悲秋，时之惨凄也；作客，羁旅也；常作客，久旅也；百年，暮齿也；多病，衰疾也；台，高迥处也；独登台，无亲朋也。十四字之间含有八意，而对偶又极精确。由此可见，多种抑郁之情郁结心中，欲言又止，欲说还休，令人哽咽难受，就是沉郁顿挫。

③"沉郁顿挫"指审美层面上的雄浑悲壮。国家的动荡不安，百姓的水深火热，满腔的壮志情怀，己饥己溺的济世情感，家园难归的漂泊心态，九死未悔的执著决心，种种情怀交融于杜甫心中，归结一点就是理想与现实的矛盾，信念与时间的冲突，这种"沉郁顿挫"的情感表现在美学上就显得雄浑悲壮、阔大沉着。

考试链接

九日齐山登高

杜牧

江涵秋影雁初飞，与客携壶上翠微。尘世难逢开口笑，菊花须插满头归。
但将酩酊酬佳节，不用登临恨落晖。古往今来只如此，牛山何必独沾衣。

1. 此诗首联与杜甫《登高》颔联相比，所描述的秋景对全诗情感抒发有什么不同的作用？请作简要分析。
2. 有人评论杜牧此诗"语虽达观而意含抑郁"，你认可这种说法吗？请结合诗歌内容作简要分析。

编注者：苏海霞

【参考答案】

1. 《登高》颔联描绘了茫无边际、萧萧而下的木叶，以及奔流不息、滚滚而来的江水，其作用在于营造苍凉恢廓的境界，烘托诗人沦落他乡、年老多病的悲愁之绪。《九日齐山登高》首联描绘江南秋景：碧波中倒映着初飞大雁的身影，齐山在这秋季仍是一片青翠的颜色。这样美好的秋景，烘托了诗人对眼前景物的愉悦感受，也为下文借此排遣自己抱负难施的郁结情怀打下伏笔。

2. 认可。诗人描写秋天的山光水色，直言要开口欢笑，并折下菊花插满头，更要用酩酊大醉来酬答这良辰佳节，但同时又意识到尘世终归难得一笑，落晖毕竟就在眼前。从"须插""但将""不用""何必"等词语，可以看出诗人语言情调上的爽利豪宕，但"难逢开口笑""登临恨落晖"等语句又流露出抱负不展的郁结情怀。

潘君诺 《芙蓉》

涉江采芙蓉①

《古诗十九首》

涉江采芙蓉,兰泽②多芳草。

采之欲遗③谁?所思在远道④。

还顾⑤望旧乡⑥,长路漫浩浩⑦。

同心⑧而离居,忧伤以终老⑨。

注释

①芙蓉:荷花的别名。"芙蓉"与"夫容"谐音,明说女子思夫口吻,实可指"游子"。

②兰泽:生有兰草的沼泽地。

③遗(wèi):赠。

④远道:犹言"远方"。

⑤还(huán)顾:回头看。

⑥旧乡:故乡。

⑦漫浩浩:犹"漫漫浩浩",形容路途遥远无尽头,形容无边无际。

⑧同心:古代习用的成语,多用于男女之间的爱情或夫妇感情融洽指感情深厚。

⑨终老:度过晚年直至去世。

古诗今读

我踏过江水去采荷花,生有兰草的水泽中长满了香草。

可是我采了荷花要送给谁呢?我想要送给远方的爱人。

回头看那一起生活过的故乡,路途显得那么无边无际。

两心相爱却不能在一起。于是我们要各在一方,愁苦忧伤以至终老异乡。

赏析要点

这首诗的主人公应该是位女子,全诗所抒写的,乃是故乡妻子思念丈夫的深切忧伤。但倘若把此诗的作者,也认定是这位女子,那就错了。马茂元先生说得好:"文人诗与民歌不同,其中思妇词也出于游子的虚拟。"因此,《涉江采芙蓉》最终仍是游子思乡之作,只是在表现游子的苦闷、忧伤时,采用了"思妇词"的"虚拟"方式:"在穷愁潦倒的客愁中,通过自身的感受,设想到家室的离思,因而把同一性质的苦闷,从两种不同角度表现出来"(马茂元《论〈古诗十九首〉》)。从这一点看,《涉江采芙蓉》为表现游子思乡的苦闷,不仅虚拟了全篇的"思妇"之词,而且在虚拟中又借思妇口吻,"悬想"出游子"还顾望旧乡"的情景。

"涉江采芙蓉,兰泽多芳草。采之欲遗谁?所思在远道。"我们可以判断这四句是写江南之事,理由有二:一是"江"在古代专指长江,长江流域绝大多数河流都以江命名,而黄河流域则大多以河命名;二是朱自清在《荷塘月色》里说:"采莲是江南旧俗,似乎很早就有,而六朝时为盛。"并举出《西洲曲》中采莲盛况为例。这里也是在写江南采莲一事。盛夏季节,思妇乘船渡江,到对岸生有兰草的沼泽地采摘荷花,打算把它送给日日思念的远在他方的丈夫。"芙蓉"与"夫荣"谐音,暗含对夫君仕途顺利的美好祝愿。起首四句平缓的叙述,采莲女形象雅洁,表达的感情纯洁美好。荷花,雅洁、美好的象征。她终于采到荷花啦!然而,"远道"却是一个极为现实的问题。周围的采莲女嘻嘻哈哈,各自乐各自的,有哪个可以相托,将荷花送达丈夫手上呢?先前采摘到荷花的兴奋之情顿然消失,转而化为沉甸甸的思念。

"环顾望旧乡,长路漫浩浩。"诗歌角度变了,转为从远在洛阳求仕的游子方面写。在这样一个荷花开放的季节里,自然想起家乡采莲一事。说不定他们当初恋爱时,妻子就送过荷花给他。看到眼前荷花,怎么会没有思乡思归之情呢?可是,游子环视都市街面上来来往往的人,关注着一个个脸。呀!他们的脸是那么陌生,他们各在为名利奔波,全是不关痛痒之人,举目远望,回乡的路途绵延无尽。"旧乡"在哪里?"所思"又在哪里?想到此,孤单、忧愁、怅惘之感纷至沓来,游子内心痛苦之极。

这两句承说"远道"，诗句耐人咀嚼。

"同心而离居，忧伤以终老。"游子从眼前想到此后生涯：想到两个相爱的人此生都不能相聚相守，游子的情绪更加黯然神伤。

整首诗特点有二：一是含蓄不尽，余味悠长；二是意境清幽、雅洁。

诗歌出处

《古诗十九首》是乐府古诗文人化的显著标志，深刻地再现了文人在汉末社会思想大转变时期，追求的幻灭与沉沦、心灵的觉醒与痛苦，抒发了人生最基本、最普遍的几种情感和思绪。所选的十九首诗均是语言朴素自然，描写生动真切，具有浑然天成的艺术风格，处处表现了道家与儒家的哲学意境，被刘勰称为"五言之冠冕"（《文心雕龙》）。

延伸阅读

游子

两汉时期，经学成为士人跻身朝堂、谋求功名的重要资本。于是千千万万的学子离乡游学求宦。但是对于如此众多的士人而言，官僚机构的容纳能力实在太有限了，这必然形成一种得机幸进者少、失意向隅者多的局面。于是一个坎坷失意的文人群体便产生了，这就是《古诗十九首》中的"游子"和"荡子"。

例如：《去者日以疏》："去者日以疏，来者日以亲。出郭门直视，但见丘与坟。古墓犁为田，松柏摧为薪。白杨多悲风，萧萧愁杀人。思归故里闾，欲归道无因。"此诗抒写游子路出城郊，触景生情，感慨世路艰难、人生无常、遭逢乱世、羁旅天涯，表达了诗人思归故乡而不得的悲苦感伤之情，表现了找不到出路的知识分子的悲凉迷茫之感。

这些宦途失意的游学士子在宦途无望、朋友道绝的孤单失意中，自然会苦苦地怀念故乡和亲人。例如：《东城高且长》，此诗通过对客居他乡的游子因触景伤情而引发内心遐想的描写，反映出诗人空虚孤独而无着落的苦闷与悲哀的思乡情怀。《涉江采芙蓉》即是《古诗十九首》中描写怀乡思亲的代表。

考试链接

1. 简要回答诗人为何忧伤?
2. 《涉江采芙蓉》里写"采芙蓉"赠给所思之人,这对全诗在营造意境上有什么作用?以花草赠给亲朋是古人常有的一种行为,你对这种行为怎样理解?
3. 试概括出本诗的主旨。(不超过50字)

编注者:张玉霞

【参考答案】

1. ①诗人远离家乡与思念的人分离;②他想回到家乡,但长路漫漫,欲归不得;③他与思念的人都深爱和思念对方,但却不能相聚。
2. 芙蓉,即荷花。荷花给人以清幽、高洁的感觉。屈原的作品里也视"荷"为香草,认为它具有美好的品质。因此,起首"涉江采芙蓉"一句,营造了清幽、高洁的意境。花草娇嫩美丽,同时又给人欣欣向荣的感觉。以花草赠亲朋,既传达了对亲朋的关怀、思念等感情,又寄托了对亲朋的美好祝愿。
3. 诗人借江上的芙蓉与芳草起兴,流露出对爱人的思念,并抒发了欲归不得的哀伤或惆怅之情。

[清] 文点 《深山坐啸行歌图》

临江仙
夜登小阁忆洛中旧游

[宋] 陈与义

忆昔午桥①桥上饮,坐中多是豪英。长沟流月去无声。杏花疏影里,吹笛到天明。

二十余年②如一梦,此身虽在堪惊③。闲登小阁看新晴④。古今多少事,渔唱⑤起三更⑥。

注释

①午桥:桥名,在洛阳县南十里外。
②二十余年:二十多年来的经历(包括北宋亡国的大变乱)。
③堪惊:总是心战胆跳。
④新晴:新雨初晴。晴,这里指晴夜。
⑤渔唱:打鱼人编的歌儿。
⑥三更:古代以漏计时,自黄昏至拂晓分为五刻,即五更,三更正是午夜。

古词今读

回忆起当年在午桥上开怀畅饮,在座的朋友大多是当时的英雄豪杰。桥下的流水映着清辉的月光静静地流逝。夜晚的杏花撒落稀疏的倩影,我们在花影下吹起竹笛直到天明。

二十多年过去了,人生仿佛一场梦,回首往事却让人不由得胆战心惊。闲来登上小阁欣赏这雨后初晴的月色。古往今来多少已成陈迹的往事,只有在渔夫午夜的歌声中,依稀听到。

赏析要点

词的上片多是虚写，回忆了当年在洛阳和旧友一起游玩的欢乐场景；下片感怀，抒发了对国家沦陷的悲痛和四处漂泊无依的寂寞。作者以疏朗的笔调，寥寥几笔，勾画出来的自我形象相当丰满。此词直抒胸臆，表情达意真切感人，通过上下两片的今昔对比，抒写了对家国和人生的惊叹与感慨，韵味深远绵长。

"忆昔午桥桥上饮，坐中多是豪英。""忆"字开篇，往事层层铺张开来，画面历历在目。"午桥"是唐代白居易、刘禹锡、裴度吟诗唱和、举杯相欢的地方。作者青年时期仰慕古贤，在家乡洛阳与友人一起追寻遗韵，在午桥宴饮聚会把酒临风。

"长沟流月去无声，杏花疏影里，吹笛到天明。""流月"以动衬静，月亮的清辉，洒在桥下静静的流水上，我们一起把酒言欢，畅谈吟唱，畅饮抚琴吹笛，桥上的活动，桥下的流水以及夜晚的月光构成了一幅明丽欢快、形神兼备、高人雅士的月夜宴饮图。"去无声"，则隐然若有华年盛事悄然而逝的象征意味。"杏花"句巧妙在不着浓墨重彩，而致力于对"杏花疏影"的淡勾轻勒，韵味全出，而彻夜竟吹的笛声则是它的余韵悠远的画外音。将作者那种充满闲情雅兴的生活情景真实地反映了出来。

"二十余年如一梦，此身虽在堪惊。"作者在政和三年（1113年）做官后，曾遭贬谪；特别是靖康之变，北宋沦亡，他逃到南方，饱尝了颠沛流离、国破家亡的痛苦。残酷的现实和往昔形成鲜明的对照，二十多年就好像做了一场梦。这两句概括了这段时间里国家和个人急剧变化的情况。这里，作者以饱蘸着久历艰难和劫后余生的血泪笔触，写下这感慨深沉的诗句，发人深思，让人感慨。

"闲登小阁看新晴。""闲登"句点题，写明作此词的时间、地点和心境。"新晴"与"长沟流月"照应，巧妙地将忆中之事与当前处境联系起来，作者今昔不同的精神状况从中得以再现。

"古今多少事，渔唱起三更。"把国家兴亡和人生的感慨都托之于渔唱，进一步表达了作者内心寂寞悲凉的心情。古往今来多少事已经转瞬即逝，只有把它们吟唱成歌的渔夫，还在午夜里低声歌唱。这是低沉的感叹，软弱的呻吟，无能为力的自我表白。这种看破世情、回避现实的消极态度，从侧面显示诗人对现实的极度不满，表现了生不逢时、怀古伤今的主题。

作者掠影

陈与义（1090~1138），北宋末，南宋初年的杰出诗人。字去非，号简斋，其先祖居京兆，自曾祖陈希亮迁居洛阳，故为宋代河南洛阳人（现在属河南）。他生于宋哲宗元祐五年（1090年），卒于南宋宋高宗绍兴八年（1138年）。也工于填词。其词存于今者虽仅十余首，却别具风格，尤近于苏东坡，语意超绝，笔力横空，疏朗明快，自然浑成，著有《简斋集》。

延伸阅读

陈与义南迁前后的文学成就

陈与义是生活在南北宋之交的著名诗人。在北宋做过地方府学教授、太学博士，在南宋是朝廷重臣，又是一位爱国诗人。其主要贡献还是在诗歌方面，给后世留下不少忧国忧民的爱国诗篇。存词19首。

他的诗歌创作以金兵入侵中原为界线，分为前后两个时期。前期表现个人生活情趣的流连光景之作，与现实社会距离较远。词句明净，诗风明快，很少用典，清新可喜。如《襄邑道中》写春日乘船游赏，表现对风光的流连和对现实的疏远，文字明快，清新真切。以《墨梅》诗受到徽宗的赏识。

南迁之后，因国破家亡，颠沛流离，经历了和杜甫在安史之乱时颇为相似的遭遇，对杜学有了更深刻的认识，诗风有了改变，转学杜甫。他也把自己的遭遇和国家的命运融合在一起进行创作，题材广泛，感时伤事，写了不少寄托身世，忧心时局的诗篇。趋向沉郁悲壮，雄阔慷慨，成为宋代学习杜甫最有成就的诗人之一。同时，他痛恨金兵南侵，无奈朝廷苟安，感怀家园，慨叹时势。如《伤春》《居夷行》《次韵尹潜感怀》等都属于这类作品。

陈与义不仅是杰出的诗人，同时也工于填词。其词存于今者虽仅十余首，却别具风格，其风近于苏东坡，语意超绝，笔力横空，疏朗明快，自然浑成。《宋书》有传他的诗词"体物寓兴，清邃纡余、高举横厉、上下陶谢韦柳"。方回认为陈与义与黄庭坚、陈师道，并为"江西诗派"之三宗。有《简斋集》十卷，《无住词》一卷。

考试链接

1. "杏花疏影里,吹笛到天明"这两句颇受后人赞美,请从情景关系角度加以赏析。
2. 你对词的下片所表达的思想感情有何评价?

编注者:王萍萍

【参考答案】
1. 用悠扬笛韵衬托月夜杏林的宁静,景象空灵。言外传达良朋欢聚的雅兴,情景交融。
2. ①直写当前饱经丧乱、劫后余生的沉痛心情,颇具世事无常的苍凉之感。②感慨古今兴衰化为渔樵晚唱,情绪旷达而又略显无奈(悲观)。

[明] 张风 《诸葛亮像》

咏怀古迹（其五）

[唐] 杜甫

诸葛大名垂①宇宙，宗臣②遗像肃清高③。
三分割据④纡⑤筹策⑥，万古云霄一羽毛⑦。
伯仲之间见伊吕，指挥若定失萧曹。
运移汉祚终难复，志决身歼⑧军务劳。

注释

①垂：流传。
②宗臣：为后世所敬仰的大臣。
③肃清高：为诸葛亮的清风亮节而肃然起敬。
④三分割据：指魏、蜀、吴三国鼎足而立。
⑤纡（yū）：屈，指不得施展。
⑥筹策：谋略。
⑦云霄一羽毛：凌霄的飞鸟，比喻诸葛亮绝世独立的智慧和品德。
⑧身歼：身灭。

古诗今读

诸葛亮的英名永垂人世，千古流芳；世人所尊崇的重臣遗像，肃穆清高。

天下三分的局势，是经他策划运筹；千百年来，他才能像鸾凤振羽云霄。

他辅佐刘备，同伊尹、吕尚难分上下；指挥从容镇定，让萧何、曹参都为之失色。

时运不好，东汉帝业实在难于复兴；心志虽坚，终因军务繁艰死于积劳。

赏析要点

《咏怀古迹》五首是杜甫于766年（大历元年）在夔州写成的一组诗。夔州和三峡一带本来就有宋玉、王昭君、刘备、诸葛亮等人留下的古迹，杜甫正是借这些古迹，怀念古人，同时抒写自己的身世家国之感。这里选的是最末一篇。武侯，即诸葛亮。当时诗人瞻仰了武侯祠，衷心敬慕，发而为诗。诗人赞颂了诸葛亮一生的功业和他崇高的人品及他鞠躬尽瘁的精神。作品以激情昂扬的笔触，对诸葛亮的雄才大略进行了热烈的颂扬，对其壮志未酬叹惋不已。全诗议论高妙，颇有情韵。

"诸葛大名垂宇宙。"上下四方为宇，古往今来曰宙，"垂宇宙"，将时间空间共说，给人以"名满寰宇，万世不朽"的具体形象之感。首句如异峰突起，笔力雄放。次句"宗臣遗像肃清高"，进入祠堂，瞻望诸葛遗像，不由肃然起敬，遥想一代宗臣，高风亮节，更添敬慕之情。"宗臣"二字，总领全诗。

接下去进一步具体写诸葛亮的才能、功绩。从艺术构思讲，它紧承首联的进庙、瞻像，到看了各种文物后，自然地对其丰功伟绩作出高度的评价："三分割据纡筹策，万古云霄一羽毛。"纡策而成三国鼎立之势，此好比鸾凤高翔，独步青云，奇功伟业，历代敬仰。然而诗人用词精微，一"纡"字，突出诸葛亮屈处偏隅，经世抱负百施其一而已，三分功业，亦只雄凤一羽罢了。"万古云霄"句形象有力，议论达情，情托于形，自是议论中高于常人之处。

想及武侯超人的才智和胆略，使人如见其羽扇纶巾，一扫千军万马的潇洒风度。感情所至，诗人不由呼出"伯仲之间见伊吕，指挥若定失萧曹"的赞语。诗人盛赞诸葛亮的人品与伊尹、吕尚不相上下，而胸有成竹，从容镇定的指挥才能却使萧何、曹参为之黯然失色。这一则表现了对武侯的极度崇尚之情，同时也表现了作者不以事业成败论英雄的高人之见。

"运移汉祚终难复，志决身歼军务劳。"诗人抱恨汉朝"气数"已终，长叹尽管有武侯这样稀世杰出的人物，下决心恢复汉朝大业，但竟未成功，反而因军务繁忙，积劳成疾而死于征途。这既是对诸葛亮"鞠躬尽瘁，死而后已"高尚品节的赞歌，也是对英雄未遂平生志的深切叹惋。

这首诗，由于诗人以自身肝胆情志吊古，故能涤肠荡心，浩气炽情动人肺腑，成为咏古名篇。诗中除了"遗像"是咏古迹外，其余均是议论，不仅议论高妙，而且写得极有情韵。三分霸业，在后人看来已是赫赫功绩了，而对诸葛亮来说，轻若一羽耳；"萧曹"尚不足道，那区区"三分"就更不值挂齿。如此曲折跌宕，处处都是抬高了诸葛亮。全诗议而不空，句句含情，层层推选：如果把首联比作一雷乍起，倾盆而下的暴雨，那么，颔联、颈联则如江河奔注，波涛翻卷，愈涨愈高，至尾联蓄势已足，突遇万丈绝壁，急瀑倾泻，空谷传响——"志决身歼军务劳"——全诗就结于这动人心弦的最强音上。

作者掠影

杜甫（712～770），字子美，祖籍襄阳（今湖北襄樊），出生于巩县（今属河南）。早年南游吴越，北游齐赵，因科场失利，未能考中进士。后入长安，过了十年困顿的生活，终于当上看管兵器的小官。安史之乱爆发，为叛军所俘，脱险后赴灵武见唐肃宗，被任命为左拾遗，又被贬为华州司功参军。后来弃官西行，客居秦州，又到四川定居成都草堂。严武任成都府尹时，授杜甫检校工部员外郎的官职。

一年后严武去世，杜甫移居夔州。后来出三峡，漂泊在湖北、湖南一带，死于舟中。杜甫历经盛衰离乱，饱受艰难困苦，写出了许多反映现实、忧国忧民的诗篇，诗作被称为"诗史"；他集诗歌艺术之大成，是继往开来的伟大现实主义诗人。

延伸阅读

隔世的粉丝

杜甫对诸葛亮可谓倾心仰慕，一往情深。这在唐代诗人中，找不出第二个。主要证据是，杜甫携家流寓巴蜀期间，先后有近十首诗歌，专门写诸葛亮，给予诸葛亮崇高的评价，表达了对诸葛亮深厚的怀念之情。"出师未捷身先死，长使英雄泪满襟"两句诗，曾令古往今来多少志士仁人、英雄豪杰，潸然泪下！历史人物，在杜诗中享受如此崇高待遇者，绝无仅有。

下边大致按照写作时间顺序，对其中三首有代表性的诗歌略做串讲。

《蜀相》："丞相祠堂何处寻，锦官城外柏森森。映阶碧草自春色，隔叶黄鹂空好音。三顾频烦天下计，两朝开济老臣心。出师未捷身先死，长使英雄泪满襟。"前四句写诸葛亮祠堂之景，透出清幽荒凉；后四句写诸葛亮生平之事，"三顾""两朝"两句写明君、忠臣际会遇合，"出师""长使"两句写诸葛亮人生遗憾。这一首诗，杜甫对诸葛亮的感情，可以归纳为两点：一是羡慕，二是同情。羡慕诸葛亮，是因为他有幸得到了刘备三顾茅庐的赏识与任用；同情诸葛亮，是因为他终究没能完成统一天下、匡扶汉室的大业。杜甫本人，不但没能实现早年"致君尧舜上，再使风俗淳"的政治理想，就连去实现这理想的机会，也不曾得到过。

《八阵图》："功盖三分国，名成八阵图。江流石不转，遗恨失吞吴。"前两句盛赞诸葛亮平生事业，后两句借江中之石感慨诸葛亮在对吴策略上的失误。这一首诗，杜甫对诸葛亮的感情也是两点：敬佩和同情。

《咏怀古迹五首》之五："诸葛大名垂宇宙，宗臣遗像肃清高。三分割据纡筹策，万古云霄一羽毛。伯仲之间见伊吕，指挥若定失萧曹。运移汉祚难恢复，志决身歼军务劳。"这一首，表面上是盛赞诸葛亮的名声、才智以及鞠躬尽瘁死而后已的品格，但实际上主要意思还是为诸葛亮的赍志而没感到遗憾。

纵观杜甫这些写诸葛亮的诗，有两点特别值得注意：

其一，杜甫明显有贬抑三国、抬高诸葛亮的意思。《蜀相》开篇就是"丞相"，说明在杜甫心目中，诸葛亮是正牌的宰相，正如仇兆鳌所言"尊正统名臣也"。"功盖三分国""大名垂宇宙"等赞语，都有如前人所言："小视三分，抬高诸葛。"（杨伦引陈秋田语）

其二，杜甫对诸葛亮虽然有敬佩、羡慕等感情，但是，最主要的还是同情。这说明，杜甫晚年，政治理想破灭后的落寞之情中，主要内容并非自身遭遇的不幸，而是社稷苍生的苦难。换言之，最令杜甫感到痛苦的事情，不是未能"立登要路津"，而是未能"致君尧舜上，再使风俗淳"。经历过人生坎坷，目睹了安史之乱对社稷苍生的荼毒，杜甫早年空洞的"致君""淳风俗"的梦想，也进而具体化为"穷年忧黎元，叹息肠内热""朱门酒肉臭，路有冻死骨""不眠忧战伐，无力正乾坤"等。

某种意义上，可以说，诸葛亮是杜甫人生理想的化身，他也渴望自己能像诸葛亮那样得到最高统治者的赏识与任用。但是，正如他在《古柏行》诗中所言,"古来材大难为用"。这说明,杜甫清楚地知道,跟诸葛亮一样,他的人生也必然会是以悲剧收场的。

考试链接

1. 下列对这首诗理解分析不正解的一项(　　)

A. "宗臣遗像肃清高"意思是瞻仰一代宗臣诸葛亮的遗像,不由想起他的高风亮节,令人肃然起敬。

B. "三分割据纡筹策"意思是诸葛亮屈处偏隅,运筹决策而成三国鼎立之势,实际上还未充分施展他的才能。

C. "伯仲之间见伊吕,指挥若定失萧曹"是对诸葛亮的高度评价,历史上有名的大臣伊尹、吕尚、萧何、曹参与诸葛亮相比,都在诸葛亮之下。

D. "运移汉祚终难复,志决身歼军务劳"既是对诸葛亮"鞠躬尽瘁,死而后已"高尚品格的赞颂,也是对其"出师未捷身先死"的叹惋。

2. 下列关于这首诗的分析,不恰当的一项是(　　)

A. 这首诗是诗人瞻仰武侯祠,衷心敬慕,有感而发。热烈赞扬了诸葛亮的雄才大略,并抒发了对其壮志未遂的叹惋之情。

B. 诗中除"遗像"是咏古迹外,其余均是议论。但议而不空,句句含情。

C. 诗人用"终难复"三字突出抒发对英雄未遂平生志的深切感叹。

D. 诗人通过对诸葛亮与古代名臣的描绘,高度赞扬了诸葛亮的雄才大略。

编注者:陈艳美

【参考答案】
1. C 原诗"伯仲之间见伊吕"是说诸葛亮与伊尹、吕尚不相上下,而不是伊尹、吕尚在诸葛亮之下。
2. D 诗人通过对诸葛亮与古代名臣的比较来表达赞扬之情的,而不是通过描绘。

［元］ 赵原 《陆羽烹茶图》

苏幕遮

怀 旧

[宋] 范仲淹

碧云天,黄叶地,秋色连波,波上寒烟翠①。山映斜阳天接水,芳草无情,更在斜阳外。

黯乡魂②,追③旅思④。夜夜除非,好梦留人睡。明月楼高休独倚,酒入愁肠,化作相思泪。

注释

①寒烟翠:寒烟实乃水面之雾,李商隐《泊秦淮》中"烟笼寒水月笼沙"之"烟"亦为此意。烟本白色,贴近碧水,则显翠色。
②黯乡魂:语出江淹《别赋》:"黯然销魂者,唯别而已矣。"乡魂,即思乡之情;黯,心情忧郁。
③追:追随,伴随,萦绕貌。
④旅思:羁旅的心绪。

古词今读

空旷辽远的碧天,黄叶纷飞的大地,秋色绵延至广阔的江面,江波之上寒烟弥漫,一派苍翠。夕阳下,水天相接处,群山静默。萋萋芳草不谙人情,一直延绵到夕阳照不到的天边。

向着故乡的方向眺望,黯然神伤,羁旅愁思萦绕心头,除非夜夜都做美梦,否则无法入睡。不想在明月高悬的夜晚,独上高楼,倚栏远望。只有频频地将苦酒灌入愁肠,化作相思的眼泪。

赏析要点

这首词写羁旅思乡，虽借秋景表达离愁别绪，但意境的阔大却为这类词所少有。

词的上片境界宏阔，运用碧、翠、黄等鲜艳明丽的色彩，写阔远的芳草斜阳，秋水长天，烟波浩渺，其中暗透乡思。"碧云天，黄叶地"两句，从大处落笔，色彩明丽，勾画长空湛碧、大地橙黄的景象，境界高远。秋色句则在视觉之上再加触觉感受，从广阔的山间原野延伸至江面之上，写水共天长，境界绵远；"寒"字突出了这翠色的烟霭给予人的秋意感受。这两句境界悠远，与前两句高广的境界互相配合，构成一幅极为辽阔而多彩的秋色图。"芳草无情，更在斜阳外"一句，写芳草绵延天涯，远接家乡之处，当在斜阳之外，引发他乡游子羁旅之情，而它却不管人的情绪，所以说它"无情"。到此，方由写景引出乡思离情。

整个上片写景毫无萧瑟之感，这在传统诗歌中是少见的，在以悲秋伤春为常调的词中，更属罕见。而悠悠乡思离情，也从芳草天涯的景物描写中暗暗透出，写来不着痕迹。这种由景及情的自然过渡手法堪称高妙。

在上片写景的基础上，下片开头直抒胸臆，以"乡魂""旅思"表达自己思乡的情怀黯然凄怆，羁旅的愁绪重叠相续。这两句采用互文手法，强化思乡的悲愁之情。接下来，作者荡开一笔，以梦写愁，"除非"说明别无他计，言外之意是往往长夜无眠。有"此情无计可消除，才下眉头，却上心头"之境。明月高楼一句，暗含时间转换，从夕阳西下至月上西楼，时间之久，而自己依然孑然一身，思乡之浓重可见一斑。这样写法，不仅避免了结构与行文的平直，而且使上片的写景与下片的抒情融为一体。末尾两句，是写游子思乡之情难以排遣的常见寄托之法，借酒浇愁，"化"写出了由酒到泪的迅速，抒情深刻，造语生新。写到这里，郁积的乡思旅愁在外物的触发下发展到高潮，词也就在这难以为怀的情绪中黯然收束。

作者掠影

范仲淹（989～1052），北宋政治家、文学家，字希文。其先邠（今陕西彬县）人，后徙苏州吴县（今属江苏）。大中祥符八年（1015年）进士。官至枢密副使，参知政事，又曾出任陕西四路宣抚使，知邠州。守边多年,西夏称他"胸中自有数万甲兵"。卒谥文正。著有《范文正公集》。词存五首,风格、题材均不拘一格,如《渔家傲·秋思》写边塞生活,苍劲明健,《苏幕遮·怀旧》《御街行·秋日怀旧》写离别相思,缠绵深致,均脍炙人口。

范仲淹政绩卓著,文学成就突出。他倡导的"先天下之忧而忧,后天下之乐而乐"思想和仁人志士节操,对后世影响深远。

延伸阅读

有志少年范仲淹

范仲淹两岁时,父亲去世,当时母亲谢氏还十分年轻,他们母寡儿孤,贫无所依。范母带着儿子改嫁淄州长山(今山东邹平县)朱文翰,范仲淹改姓名为朱说(yuè),并在朱家长大成人。朱文翰做过地方小官吏,对继子"既加养育,复勤训导",寄予厚望,期成大器。范仲淹在洞庭湖畔的澧州安乡(今湖南安乡县)度过了他的少年时光,接受了启蒙教育。

范仲淹青少年时期尤爱读书,留下了许多让人感动的苦读故事。在安乡时,范仲淹曾就读于当地太平兴国观,寒暑不倦。宋真宗大中祥符二年(1009年)前后,范仲淹随继父生母回到继父的故乡淄州长山,就读于长白山醴泉寺,每天的饮食仅仅一碗稀粥,先冷却,然后分成四块,早晚各两块,再配以盐拌韭菜末,"划粥断齑"成了他励志苦读的深刻写照。清朝翰林张明先诗言:"荒台夜夜芭蕉雨,野沼年年翰墨香",以"书台夜雨"这清寂而优美的诗意,概括了范仲淹这段少年攻读生活。

范仲淹二十三岁时,在一个偶然事件中知道自己并非朱家之后,而应姓范。加之朱家兄弟对他有成见,所以他与朱姓决裂,生活一度没了着落,异常艰难。但是在这种艰难的境况之中,他依然赴应天书院求学。《范文正公年谱》上说他"询知家世,感泣去,之南都,入学舍,扫一室,昼夜讲诵。其起居饮食,人所不堪者,公自刻益苦",还说"公处南都学舍,昼夜苦学,五年未尝解衣就枕。夜或昏怠,辄以水沃面。往往饘粥不充,日昃始食"。范仲淹孜孜求学,倦怠时以凉水浇脸,饥饿时以稀粥为食,日夜与诗书相拥,五年未解衣就枕。南京留守的儿子与范仲淹同窗,十分同情范仲淹,便把他的苦读情况告诉了自己的父亲。留守很受感动,让儿子送些美食给他，但范仲淹委婉拒绝了，说不是不感谢你的深情厚谊，但自己喝粥习惯了，也不觉得苦，一旦享受丰盛的饮食，以后喝粥就索然无味了，表达出清贫自甘、清苦亦乐的豁达。还有一次，宋真宗幸临南京，南京万人空巷，应天书院师生也倾巢而出，争睹圣颜，只有范仲淹岿然不动，继续读书。有人回来后问他为什么不去一睹皇帝风采，范仲淹说，将来晋见也不晚，可见其抱负远大。

十年寒窗，范仲淹"大通六经之旨"。大中祥符八年（1015年），二十七岁的范仲淹进士及第，即奉母侍养，完成了他人生的第一个理想，也开始了他动荡的仕宦生涯。进士后，他在《寄乡人》诗中说"乡人莫相羡，教子读诗书"，对自己的苦读生活也仅仅淡淡地一笔带过。

考试链接

1. 这首写羁旅乡愁的词，意境壮阔，"状难写之景如在眼前"。上片描写了一幅怎样的景象？
2. 这首词表达了作者怎样的思想感情？

编注者：赵世鹏

【参考答案】
1. 碧云、黄叶、绿波、翠烟，在作者的笔下入木三分，淋漓尽致，构成了一幅肃杀悲凉的"黄昏秋色图"；"山映斜阳"句复将青山摄入画面，并使天、地、水融为一体，交相辉映。
2. 以秋景写秋心，借景抒情，情景交融。表达了诗人心头萦绕不去、纠缠不已的怀乡之情和羁旅之思。

［清］ 冯岩 《春夜宴桃李园图》

今日良宴会[1]

《古诗十九首》

扫一扫,听朗读

今日良宴会,欢乐难具陈[2]。

弹筝奋逸响[3],新声[4]妙入神[5]。

令德[6]唱高言,识曲[7]听其真[8]。

齐[9]心同所愿,含意[10]俱未申[11]?。

人生寄一世,奄忽[12]若飙尘[13]。

何不策高足[14],先据要路津[15]?

无为守贫贱,坎坷长苦辛。

注释

[1]良宴会:热闹的宴会。
[2]难具陈:难以全部说出。
[3]奋逸响:发出超越寻常的音响。
[4]新声:指当时最流行的曲调。指西北邻族传来的胡乐。
[5]妙入神:称赞乐调旋律达到高度的完满调和。
[6]令德:贤者,指作歌词的人。
[7]识曲:知音者。
[8]真:真理。这句是说知音者要听歌中的真意。
[9]齐:一致。
[10]含意:是说心中都已认识那曲中的真理。
[11]未申:口中表达不出来。

⑫奄忽：急速，倏忽。
⑬飙（biāo）尘：指狂风卷起的尘埃。比喻人生行踪不定。
⑭策高足：乘上等快马疾驰，就是"捷足先得"的意思。高足，良马的代称。
⑮津：渡口。

古诗今读

今天的宴会真是美极了，欢乐的场面简直说不完。

筝曲的声调是多么的飘逸，把这时下最流行的乐曲弹唱得出神入化！

有美德的人通过乐曲发表高论，知音者能体会出音乐的真意。

他的高论真是说出了大家心中共同心愿啊，却不能准确地把它说出来。

人生一世就像寄住旅舍一样啊，刹那间便犹如尘土被那疾风吹散。

为什么不想办法捷足先登，先高踞要位而安乐享富贵荣华呢？

不要因死守贫贱而常忧愁失意，不要因一辈子坎坷而辛苦地煎熬自己。

赏析要点

全诗十四句，可分作三层。

第一层（1～4句），简括地描写了诗人对宴会的感受。

"今日良宴会，欢乐难具陈。"首起两句便简括地描写了诗人对今天宴会的感受。首先诗人用一"良"字对今日的宴会进行了评述。联系下文来看，参与今日宴会的人，应该都是一帮同为流落京都、仕宦失意、有着共同遭遇惺惺相惜的读书人；宴席上不仅有丰盛的美酒佳肴，而且还有娱兴佐酒"新声妙入神"的歌妓。

"弹筝奋逸响，新声妙入神？"三、四句着重描写席间弹唱娱兴的美妙。由于宴会中的乐事太多，难以一一述说。因此，诗人仅就宴会中歌妓佐酒娱兴的弹唱来说。歌妓弹奏的乐器是秦筝，秦筝风格细腻，委婉中多悲怨；慷慨急楚，激越中有抒情。弹奏的曲子或歌谣是时下最时尚最流行的"新声"。从"奋逸响""妙入神"这些评语可以看出，在诗人看来歌妓的弹奏和演唱一方面是倾注了她满腔的感情;一方面歌妓弹奏演唱的技艺也是十分的高超、美妙和感人的。而且歌妓美妙的弹奏演唱也引起了与宴之人心中强烈的共鸣。

第二层（5～8句），写座中令德者阐发曲中真意，说出了大家的心里话。

"令德唱高言，识曲听其真。"五、六句写座中有位在音乐方面很有造诣的德高望重的长者听曲后发表高论，阐述了他对赏听乐曲的理解——赏听乐曲的人不仅要会欣赏乐曲那悦耳的美妙声音，而且还能体会出美妙乐曲中所蕴含的真意来。

"齐心同所愿，含意俱未申？"七、八句是描写诗人以及在座与宴的人对令德者所发议论、感慨的反应和看法。认为令德者的议论、感慨为人人心中所有，只是这种感慨大家却都埋在心中没有或不能准确地把它说出来罢了。显然，今日与宴之人应该是与诗人一样，都是一群有着同样流落京都、仕宦失意遭遇的人，正因为有着这样的一番共同遭遇，所以他们才能在听令德者对曲意理解的一番高论后产生共鸣，才能认为他说出了他们心中想说而又无法准确地说出来的话！

第三层（9～14句），写令德者听曲后所阐发高论的具体内容，抒发了他们在宴会上赏听乐曲后对乐曲蕴涵真意的理解和感慨。

"人生寄一世，奄忽若飙尘。"九、十两句极言人生之短促和空虚。人生一世就像寄住旅舍一样，是非常短促的;短促得就像狂风中卷起的尘土一样。

"何不策高足，先据要路津？"十一、十二两句用反诘的语气,强调人生既然那么地短暂和空虚,那么人们为什么不赶快采用一切手段,去捷足先登,占据高官显要的位置呢？

"无为守贫贱，坎坷长苦辛。"结尾十三、十四两句，用劝诫的语气告诫人们千万不要死守贫贱，一辈子都遭受坎坷过着辛苦劳累的生活呢！

诗歌出处

《古诗十九首》，最早见于《文选》，为南朝梁时期萧统从传世无名氏《古诗》中选录十九首编入，编者把这些作者已经无法考证的五言诗汇集起来，冠以此名，列在"杂诗"类之首。

这十九首诗歌是在汉代汉族民歌基础上发展起来的五言诗，多写离愁别恨和彷徨失意，思想消极，情调低沉。但它的艺术成就却很高，长于抒情，善用事物来烘托，寓情于景，情景交融。内容上看，基本是游子思妇之辞。具体包括夫妇朋友间的离愁别绪、士人的彷徨失意和人生的无常之感等。还有部分作品表现出追求富贵和及时行乐的思想。

延伸阅读

人生无常

《古诗十九首》中的古诗，感情基本上有三类：离别、失意和人生无常，这也可以说是它的三个主题。

《今日良宴会》这首诗开端写得意气飞扬，但从"齐心同所愿，含意俱未申"起，就转入了人生无常的悲哀。"人生寄一世，奄忽若飙尘"是说人生一世就像寄住旅舍一样啊，刹那间便犹如尘土被那疾风吹散。很多古人都说过类似的话。李陵对苏武说："人生如朝露，何久自苦如此？"曹孟德说："对酒当歌，人生几何！譬如朝露，去日苦多。"王羲之说："况修短随化，终期于尽！"苏轼说："寄蜉蝣于天地，渺沧海之一粟。哀吾生之须臾，羡长江之无穷。"

既然人生这么短暂，是否还需要如此认真对待呢？你的那些"令德""高言"之类，难道就不可以改变吗？于是他就产生了一个疑问，"何不策高足，先据要路津"——要不要赶着你的快马，抢先去占据一个高官厚禄的地位？"无为守贫贱，坎坷长苦辛"——为什么你不去享受人生的快乐反而要自找痛苦！"何不"是为什么不那样做，凡是说这种话的时候，是因为你还没有那样做；"无为"是不要这样做，而这也恰好证明你现在还正在这样做。这是一个疑问，并不是一个行动，不是说他现在就去走那条路了，而是他在人生的三岔路口上产生了困惑和犹豫。人非圣贤，每个人在人生选择的紧要关头都难免产生困惑和犹豫。它不是表现真正的堕落而是表现一种在人生歧路上的徘徊，是人生失意情况下内心的矛盾与困惑，同时引发了对短暂的人生中是否要去追求富贵与享乐的问题的思考。

考试链接

1. "人生寄一世，奄忽若飙尘"采用了哪种表现手法？请对其效果作简要赏析。

2. "无为守穷贱，坎坷长苦辛"表达了诗人怎样的情感，请简要概括。

编注者：王凤玉

【参考答案】
1. 这句话采用了比喻的手法。诗人将生命的渺小卑微比作尘土的微不足道，将生命的短促比作尘土刹那间随风飘散；诗人借此表达了对生命渺小、人生短暂的慨叹。
2. 这句话表达了诗人不愿安守贫困和地位低下的现状，并希望改变这种现状或希望早日求得荣华富贵的强烈愿望。

[明] 唐寅 《吹箫仕女图》

忆 秦 娥

[唐] 李白

箫声咽①,秦娥梦断秦楼月。秦楼月,年年柳色,灞陵②伤别。

乐游原③上清秋节④,咸阳古道⑤音尘绝。音尘绝,西风残照,汉家⑥陵阙⑦。

注释

①咽:呜咽,形容箫管吹出的曲调低沉而悲凉,呜呜咽咽如泣如诉。
②灞(bà)陵:在今陕西省西安市东,是汉文帝的陵墓所在地。当地有一座桥,为通往华北、东北和东南各地必经之处。《三辅黄图》卷六:"文帝灞陵,在长安城东七十里。……跨水作桥。汉人送客至此桥,折柳送别。"
③乐游原:又叫"乐游园",在长安东南郊,是汉宣帝乐游苑的故址,地势高,可以远望,汉宣帝偕许皇后出游至此,迷恋于绚丽的风光,以至于"乐不思归";唐代在此大兴土木,是登高览胜最佳景地。
④清秋节:指农历九月九日的重阳节,是当时人们重阳登高的节日。
⑤咸阳古道:咸阳,秦都,在长安西北数百里,是汉唐时期由京城往西北从军、经商的要道。古咸阳在今陕西省咸阳市东二十里。唐人常以咸阳代指长安,"咸阳古道"就是长安道。
⑥汉家:汉朝。
⑦陵阙:皇帝的坟墓和宫殿。

古词今读

玉箫的声音悲凉呜咽,秦娥从梦中惊醒时,秦家的楼上正挂着一弦明月。秦家楼上的下弦月,每一年桥边青青的柳色,都印染着灞陵桥上的凄怆离别。

遥望乐游原上冷落凄凉的秋日佳节,通往咸阳的古路上音信早已断绝。西风轻拂着夕阳的光照,眼前只是汉朝留下的坟墓和宫阙。

赏析要点

这首词描绘了一个女子思念爱人的痛苦心情,读来凄婉动人。这首词反映出天宝后期表面上依然歌舞升平、内部危机重重的盛唐之衰。

上片一开始就写出人物内心的情态:呜咽的箫声把秦娥从梦中惊醒,此时,一钩残月斜映在窗前。梦虽断了,她却似乎还沉浸在梦境之中,与情人欢会,可是眼前只有这冰冷的残月陪伴着她。多少个这样的月夜,叫她黯然销魂、顾影自怜。因此,下面自然转入对"灞陵伤别"的回忆。《雍录》载:"汉世凡东出函、潼,必自灞陵始,故赠行者于此折柳相送。"可是,柳色绿了,一年又一年,而伊人依然远隔一方,只有那呜咽的箫声和着低声的啜泣,冰冷的残月陪伴着消瘦的倩影,葱绿的柳色勾起往事的回忆。实际上这是作者以秦娥对情人的思念来表达自己内心对某种事物的苦思与追求,这种苦思与追求是执着的,然而又是没有结果的。

词的上片始终纠葛在个人的悲欢离合之中,下片则出现了较大的跌宕,似乎比拟手法已不能满足感情的表达了,词人要撇开先前的主体,直接把自己融入画面之中。换头处突兀以"乐游原上清秋节"起,画面是清秋节佳侣如云的狂欢时景,可是主人公茕茕孑立在西风残照之中,"此身饮罢无归处,独立苍茫自咏诗"(杜甫《乐游园歌》)。此时,个人的忧愁完全被抛开了,或者说融入了历史的忧愁之中,词人通过对秦、汉那样赫赫王朝的遗迹——咸阳古道、汉代陵墓的掇取,进入了对历史的反思。

古道悠悠,音尘杳然,繁华、奢侈、纵欲,一切都被埋葬了,只剩下陵墓相伴着萧瑟的西风,如血的残阳,百年、千年地存在下去。作者不是在凭吊秦皇汉武,他是在反思历史和现实。这里夹杂着盛与衰、古与今、悲与欢的反思。词人固然没有正面写唐王朝的苟且繁华,但"乐游原上清秋节"这就足够了,这使人自然想象到天宝后期那种古罗马式的穷奢极欲和狂欢极乐。可没有人能从中去体会那潜在的破碎感。秦代、汉代过去了,只剩下悠悠的古道和孤独的陵墓,面对着西风残照。这固然是过去的遗迹，然而它又是实实在在的实景，同时，这"西风残照、汉家陵阙"的实景又必然使人联系到王朝的未来。于是，过去、现在、未来的界限被取消了，浑融在一起，历史的时序给人们留下的只是一种表象——"西风残照，汉家陵阙"，造成一种悲壮的历史消亡感，或者说是毁灭感，填塞在人们心头，这就是历史反思的结果。因而上片的个人忧愁只能被取代，作为下片的陪衬。

这首词意境博大开阔，风格宏妙浑厚。句句自然，而字字锤炼，沉声切响，掷地真作金石声。而抑扬顿挫，法度森然，无一字荒率空浮，无一处逞才使气。

作者掠影

李白（701~762），字太白，号青莲居士，唐朝伟大的浪漫主义诗人，被后人誉为"诗仙"。祖籍陇西成纪，出生于西域碎叶城，4岁随父迁至剑南道绵州。李白为人爽朗大方、爱饮酒作诗，喜欢交友。其诗作结构跌宕开阔，寓含世事万变，雄奇飘逸，恣肆豪放，善于借助夸张手法描绘充满神异色彩的理想世界，具有独特魅力。杜甫盛赞其诗："笔落惊风雨，诗成泣鬼神。"李白存世诗文千余篇，有《李太白集》传世。

延伸阅读

忆秦娥·娄山关

毛泽东

西风烈，长空雁叫霜晨月。霜晨月，马蹄声碎，喇叭声咽。

雄关漫道真如铁，而今迈步从头越。从头越，苍山如海，残阳如血。

毛泽东这首《忆秦娥·娄山关》是他所有词作中绝对第一流的作品，写景状物，抒发胸臆，堪当精品。通过在战争中积累了多年的景物观察，以景入情，情中有景，从内到外描写了红军铁血长征中，征战娄山关的紧张激烈场景，表现了作者面对失利和困难从容不迫的气度和博大胸怀。全词只写了中央红军的一次战斗，却是对红军长征这一重大历史事件的真实折射，篇幅虽短，"份量"很重。它使人在获得强烈感染的同时，欣赏到高超的艺术技巧。

考试链接

1. 这首诗表现了诗人什么样的感情？请简要分析。

2. 本词"西风残照，汉家陵阙"和《忆秦娥·娄山关》中"苍山如海，残阳如血"在写景和抒情上有何异同？

编注者：武 军

【参考答案】

1. 伤别盼归：静夜梦觉的寂寞怅惘，历岁经年了无音信，人未归的绝望。②家国之感或王朝兴衰（或历史更迭）的悲壮慨叹。

2. 相同点：两首词营造了雄浑壮阔苍茫悠远的意境。②不同点：李诗更多一分历史的悲壮，抒发了兴衰更替之情。毛诗更多一分战争的雄壮，抒发了必胜的豪情。

[清] 顾沄 《怡园图册》

扫一扫，听朗读

相 见 欢①

[五代] 李煜

林花谢②了春红③，太匆匆。无奈朝来寒雨晚来风。胭脂泪④，相留醉⑤，几时重⑥。自是⑦人生长恨水长东。

注释

①相见欢：词牌名，原为唐教坊曲，后用为词牌名。又名《乌夜啼》《秋夜月》《上西楼》。
②谢：凋谢。
③春红：春天的花朵。
④胭脂泪：原指女子的眼泪，女子脸上搽有胭脂，泪水流经脸颊时沾上胭脂的红色，故云。在这里，胭脂是指林花着雨的鲜艳颜色，代指美丽的花。
⑤相留醉：令人陶醉。留，遗留，给以。醉，心醉。
⑥几时重（chóng）：何时再度相会。
⑦自是：自然是，必然是。

古词今读

树林间的红花已经凋谢，花开花落，才有几时，实在是去得太匆忙了。也是无可奈何啊，花儿怎么能经得起那凄风寒雨朝朝暮暮的摧残呢？

被雨水淋过的遍地红花，像是美人双颊上的胭脂在和着泪水流淌，实在惹人怜惜。花儿和怜花人相互留恋，如醉如痴，何时才能再度重逢呢？人生从来就是令人遗憾的事情太多，就像那东逝的江水，不休不止，永无尽头。

赏析要点

这首词将人生失意的无限怅恨寄寓在对暮春残景的描绘中，是即景抒情的典范之作。

起句"林花谢了春红"，即托出作者的伤春惜花之情。林花是春天最美好的事物，春红是春天最美丽的颜色。这样美好的事物、美好的颜色，突然间竟自"谢了",多么令人惋惜感叹。不仅林花是如此,自然界一切有生命的事物也是如此,社会人事也莫不如此。在后主看来,好端端的一个南唐却顷刻衰败,不正像林花之突然凋谢吗?

"谢了"二字中所表现的惋惜感叹之情本已十分强烈,然犹嫌言不尽意,而续以"太匆匆",则使这种伤春惜花之情得以强化,使惋惜感叹之情更加突出。残红狼藉,春去匆匆;而作者的生命之春也早已匆匆而去,只留下伤残的春心和破碎的春梦。因此,"太匆匆"的感慨,固然是为林花凋谢之速而发,但其中不也糅合了人生苦短、来日无多的喟叹,包蕴了作者对生命流逝的理性思考?"

"无奈朝来寒雨,晚来风"一句运用互文的手法点出林花匆匆谢去的原因是风雨侵袭,而作者生命之春的早逝不也是因为过多地栉风沐雨?所以,此句同样既是叹花,亦是自叹。"无奈"云云,充满不甘听凭外力摧残而又自恨无力改变的悲怆。

"胭脂泪"三句,转以拟人化的笔墨,表现作者与林花之间的依依惜别之情。这里,一边是生逢末世,运交华盖的失意人,一边是盛时不再、红消香断的解语花,二者恍然相对,不胜缱绻。

"胭脂泪"三字是由花转入写人的交接点,遥接上片"林花谢了春红"句。"胭脂泪"是从杜甫《曲江对雨》诗"林花著雨胭脂湿"变化而来。林花为风侵欺,红悒鲛绡,状如胭脂。胭脂,是林花着雨后的鲜艳色彩,它指代的是美好的花,比喻的是美好的人生,美好的事物。"胭脂泪"者,此之谓也。但花本无泪,正如"感时花溅泪"一样,实际上是惯于"以我观物"的作者移情于彼,使之人格化。

"留人醉",花固怜人,人亦惜花;泪眼相向之际,究竟是人留花抑或花留人,已恍恍难分。着"醉"字,写出彼此如醉如痴、眷恋难舍的情态,极为传神,而"几时重"则道出了人与花共同的希冀和自知希冀无法实现的怅惘与迷茫。

结句"自是人生长恨水长东",一气呵成益见悲慨,以"水长东"喻"人生长恨"。这一句与李煜《虞美人》中的"问君能有几多愁,恰似一江春水向东流"有异曲同工之妙。"人生长恨"似乎不仅仅是抒写一己的失意情怀,更是涵盖了整个人类所共有的生命缺憾,是一种融汇和浓缩了无数痛苦的人生体验的浩叹。

作者掠影

李煜（937～978），南唐著名词人。南唐中主李璟第六子，初名从嘉，字重光，号钟隐、莲峰居士，祖籍彭城（今江苏徐州铜山区）。于宋建隆二年（961年）继位，史称李后主，也是南唐最后一位国君。开宝八年，宋军破南唐都城，李煜降宋，被俘至汴京，封为右千牛卫上将军、违命侯。后因作感怀故国的名词《虞美人》而被宋太宗毒死。李煜虽不通政治，但其艺术才华却非凡。精书法、善绘画、通音律，诗和文均有造诣，尤以词的成就最高，为五代之冠，著有千古杰作《虞美人》《浪淘沙》《乌夜啼》等词。在政治上失败的李煜，却在词坛上留下了不朽的篇章，被后人誉为"千古词帝"。

延伸阅读

李煜为何能成为"千古词帝"？

李煜工书善画，洞晓音律。前期与大、小周后感情甚笃，生活奢靡，常形之于吟咏。作为南唐的国君，生活相当豪华奢侈，词题材狭窄，无非是表现宫廷生活、男女恋情或离愁别绪。亡国后，孤寂悲凉的处境，使他的词转向了写思乡之情，亡国之恨。

从"红锦地衣"的南唐后主，到"故国不堪回首"的宋室囚徒，词人李煜天上地下的身世沦落以及内心"离恨恰如春草，更行更远还生"的巨大沉痛，绝非常人所能体味。

李煜前期词作风格绮丽柔靡，还不脱"花间"习气。国亡后在"日夕只以眼泪洗面"的软禁生涯中，以一首首泣尽以血的绝唱，使亡国之君成为千古词坛的"南面王"。这些后期词作，多折射出词人内心巨大的亡国之痛，把传统诗歌里的那种个体间的离愁别恨升华为对故国家园的思念，凄凉悲壮，意境深远，为苏辛所谓的"豪放"派埋下了伏笔。

其中最著名的是《虞美人》："春花秋月何时了？往事知多少。小楼昨夜又东风，故国不堪回首月明中，雕栏玉砌应犹在，只是朱颜改。可君能有几多愁，恰是一江春水向东流。"

这首词是李煜的绝笔词，当这曲《虞美人》写成之后，拿到七月七日他生日那夜，叫歌伎演唱，饮酒作乐，拨弦弄瑟，名声大振。宋太宗知道后，恨其剪不断理还乱的故国之思，一怒，赐予毒酒，用牵机药将他毒死。

也许是同情李煜的遭遇，也许是惋惜他的才华，所以就有前人叹息："作个才人真绝代，可怜薄命作君王。"于是就有今人假设历史：如果南唐后主李煜不当皇帝的话，他会怎样？言下之意，似乎李煜只是因为做了皇帝，他的艺术才华才遭到了浪费和毁灭，似乎李煜如果不当皇帝，他就会在文学史上留下更多的杰出作品。

但李煜如果真的不当皇帝的话，他可能会成为一个创作颇丰，并在文学史上有一席之地的词人，但他绝不会成为一个有着"词中之帝"美称的一流大词人的。他的词作，也绝不会成为脍炙人口、倾倒历代人的千古绝唱的。因为艺术创作，绝不仅仅靠天才，靠灵感，从某种意义上说，更要靠的是人生阅历的丰富与否，靠的是人生体验的深切与否。他当皇帝之前写的那些叙写宫廷豪华奢侈生活和男欢女爱之情的词作，又有几篇能称得上是"杰作佳构"的传世之作？又有哪一首能够和他做了亡国之君后表现深哀巨痛的血泪之作相媲美呢！而奠定他文学史上杰出地位的成就最高的词作，都是在他生命最后的二年多时间里创作的，如《虞美人》《子夜歌》《望江南》《清平乐》《浪淘沙》《浪淘沙令》《相见欢》等等，这些词作，无一不是抒写亡国之痛的血泪之作，也无一不是与他做皇帝的经历有关的。

可见，正是有了这一段"国中之帝"的惨绝经历，他才有可能成为风流一代的"词中之帝"，他才有可能给后代留下许多惊天地泣鬼神的千古传颂不衰的血泪文字，他短暂的一生才有可能在艺术上取得大成功。而这成功与失败，显然都与他当皇帝的命运息息相关，真是"成也皇帝，败也皇帝"。

王国维《人间词语》评曰："词至李后主而眼界始大，感慨遂深，遂变伶工之词而为士大夫之词"；"后主之词，真所谓以血书者也。"

试想，如果没有囚禁的不幸，贬逐的悲哀，他又怎能"感慨遂深""书之以血"？充其量也只能是继续写就"红日已高三丈透，金炉次第添香兽"的陈词滥调，又怎能成为一位承前启后、可追唐诗的大宗师？

考试链接

1. 这首词写了哪些景物，描绘出一幅什么样的画面？
2. 赏析结句"自是人生长恨水长东"一句。

3. 王国维在《人间词话》中说："词至后主而眼界始大，感慨遂深"，请结合这首词说说作者是如何表现深沉蕴藉的感慨的。（提示：从手法、语言运用等方面思考。）

编注者：白赛玲

【参考答案】
1. 词中写了春天的落花、寒雨、晚风等景物，描绘出一幅凄风苦雨打落花的悲凉画面。
2. 运用比喻的修辞手法，化抽象为具体，形象生动。说明人生愁恨与无边际的水一样长久，体现出人生愁恨的长久性和普遍性。"人生长恨"似乎不仅仅是抒写一己的失意情怀（失国之恨），且涵盖了整个人类所共有的生命的缺憾，是一种融汇和浓缩了无数痛苦的人生体验的浩叹。
3. ①上阕写风雨中落花飘零，叹花亦是自叹，表达了人生苦短、来日无多的喟叹和不甘听凭外力摧残而又自恨无力改变的悲怆。②运用拟人手法，把落花想象成一位感伤凄迷的美人，借以表达自知希望无法实现的怅惘。③运用叠词和反复，"太匆匆"强化惜花伤己之情；两个"长"的反复增强了一位亡国之君朝不保夕的沉痛与绝望。

〔明〕 陈洪绶 华嵒 《西园雅集图》（局部）

秋风辞①

[汉]刘彻

扫一扫，听朗读

秋风起兮白云飞，草木黄落②兮雁南归。

兰有秀③兮菊有芳④，怀佳人⑤兮不能忘。

泛楼船⑥兮济汾河⑦，横中流⑧兮扬素波⑨。

箫鼓鸣兮发棹歌⑩，欢乐极兮哀情多。

少壮几时兮奈老何！

注释

①辞：韵文的一种。
②黄落：变黄而枯落。
③秀：此草本植物开花叫"秀"。这里比佳人颜色。
④兰有秀兮菊有芳：兰、菊，这里比拟佳人。芳，香气，比佳人香气。"兰有秀"与"菊有芳"，互文见义，意为兰和菊均有秀、有芳。
⑤佳人：这里指想求得的贤才。
⑥泛楼船：乘楼船。泛，浮。
⑦汾（fén）河：起源于山西宁武，西南流至河津西南入黄河。
⑧中流：中央。
⑨扬素波：激起白色波浪。
⑩棹（zhào）歌：船工行船时所唱的歌。棹，船桨。这里代指船。

古诗今读

秋风刮起，白云飞。草木枯黄雁南归。

秀美的是兰花呀，芳香的是菊花。思念美人难忘怀。

乘坐着楼船行驶在汾河上，划动船桨扬起白色的波浪。

吹起箫来打起鼓，欢乐过头哀伤多。

年轻的日子早过去，渐渐衰老没奈何。

赏析要点

全诗比兴并用、情景交融，是中国文学史上"悲秋"的名作。

诗以景物起兴，继写楼船中的歌舞盛宴的热闹场面，最后以感叹乐极生悲，人生易老，岁月流逝作结。

"秋风起兮白云飞，草木黄落兮雁南归。"开篇即写阵阵秋风吹来，白云飘飞，岸边的树木已不复葱郁，然而纷纷飘坠的金色落叶，为秋日渲染了斑斓的背景。大雁苍鸣，缓缓掠过樯桅……短短两句，清远流丽。

"兰有秀兮菊有芳，怀佳人兮不能忘。"此句写得缠绵流丽，乃一诗之精华，正如张玉谷《古诗赏析》卷三："此辞有感秋摇落系念仙意。怀佳人句，一篇之骨……"

秋日乃惹人思情，虽有幽兰含芳，秋菊斗艳，然凋零的草木，归雁声声，勾起汉武帝对"佳人"不尽的思念之情。

"泛楼船兮济汾河，横中流兮扬素波。箫鼓鸣兮发棹歌。"三句，竭力描写汉武帝泛舟中流、君臣欢宴景致。当楼船在汾河中流疾驶，潺湲的碧水，顿时扬起一片白色的波浪。在酒酣耳热之际，不禁随着棹橹之声叩舷而歌。

紧接着却出现了"欢乐极兮哀情多"。君临天下，当藐视一世，俯视天地之间，应慨然得意忘形尔。何来如此幽情哀音？王尧衢《古诗合解》卷一一语道破："乐极悲来，乃人情之常也。愁乐事可复而盛年难在。武帝求长生而慕神仙，正为此一段苦处难遣耳。念及此而歌啸中流，顿觉兴尽，然自是绝妙好辞。"原来，即便是君王也免不了生老病死，眼前的尊贵荣华终有尽时，人生老之将至，所有一切也会随着死亡不复存在，所以又怎能不因为"少壮几时兮奈老何"而忧伤呢？

作者掠影

汉武帝刘彻（前156～前87），西汉的第七位皇帝，杰出的政治家、战略家、诗人。刘彻开拓汉朝最大版图，在各个领域均有建树，汉武盛世是中国历史上的三大盛世之一。

刘彻是一位雄才大略的政治家，也是一位爱好文学、提倡辞赋的诗人。

他的这首清丽隽永、笔调流畅的《秋风辞》，历来为人们所称道。此诗虽是即兴之作，一波三折，抒写得曲折缠绵。沈德潜《古诗源》卷二："《离骚》遗响。文中子谓乐极哀来，其悔心之萌乎？"以"《离骚》遗响"观之，乃就文辞而言，沈德潜的评价非常切实。鲁迅称此诗"缠绵流丽，虽词人不能过也。"

晚年穷兵黩武，又造成了巫蛊之祸，征和四年刘彻下罪己诏。公元前87年刘彻崩于五柞宫，享年70岁，谥号孝武皇帝，庙号世宗，葬于茂陵。

延伸阅读

《秋风辞》创作背景

据《汉书·武帝纪》，汉武帝刘彻到河东汾阴（今山西省万荣县西南）祭祀后土（土地神），共有五次。只有一次在秋天，即元鼎四年（前113）十月。这时刘彻四十四岁，即位已二十七年。他实行武力打击匈奴，已胜利解除了数代以来的北部边患。他采取的国家专卖（盐铁、均输、平准）、统一货币、重农贵粟三大政策，卓有成效，克服了长期用兵造成的生产破坏和财政危机。西汉王朝无论军事、经济、政治、文化都达到全盛高峰。但他依然雄心勃勃，还要打通西域，开发西南，平定南越和东越，振威名于世界。

这次出巡，途中传来南征将士的捷报，而将当地地名改名为"闻喜"，沿用至今。时值秋风萧飒，鸿雁南归，汉武帝乘坐楼船泛舟汾河，饮宴中流。当时场面热闹，气势恢宏，听说汾水旁边有火光腾起，还下令在那里立了一座后土祠来祭祠大地。身为大汉天子的刘彻，一生享尽荣华，但同常人一样，无法抗拒衰老和死亡。宴尽之余，遂作此篇。

考试链接

1. 下面对诗歌的赏析,不正确的两项是( )

A. 开篇两句以秋日最具特色的四个意象点明了季节时令特点,色彩斑斓,动静结合,勾勒出一个清旷幽远、萧瑟凄凉的意境,奠定了全诗的情感基调。

B. 五、六、七句铺写诗人与群臣共同宴游的场景,"泛、济、横、扬、鸣、发"等动作一一排列开来,将"忻然中流"的热烈场面描绘得声情并茂。

C. 最后收笔两句情感陡转,发出"变徵之音",乐极生悲,曲折而又缠绵地抒发了一代帝王对生命易逝盛年难再的悲慨。

D. 起句"秋风起兮白云飞",字面义上近似于高祖刘邦的《大风歌》中"大风起兮云飞扬",但综合全诗来看,两者境界、情韵不一样,前者清新流丽,后者苍莽雄放。

E. 全诗因景而生情,以情来串景,语言清丽明快,构思巧妙严谨,情感丰富深沉。

2. 清代诗人沈德潜读此诗时赞为"《离骚》遗响",请结合此评价简要赏析"兰有秀兮菊有芳,怀佳人兮不能忘"两句。

编注者:李梅芳

【参考答案】
1. AC A项"动静结合"错,皆为动景;"凄凉"一词,氛围用词稍重;C项非曲折缠绵,是直接抒发。
2. ①此两句在手法上沿袭了《离骚》常用的比兴手法,由兰之秀及菊之香起兴,并以兰菊喻佳人,由物及人,引发出对"佳人"的无尽思念。②正如屈原以美人比喻自身理想美政的一样,一代帝王汉武帝在此处不仅是对佳人的怀念,也可以是对宏伟大业的追求或是对贤才英士的渴望与思慕。③形式上诗人还沿用了楚辞体的常有调式,如同《离骚》一样,以"兮"为间顿,节奏感强。

［宋］刘松年 《四景山水之观山图》

长沙过贾谊①宅

[唐] 刘长卿

扫一扫，听朗读

三年谪宦②此栖迟③，万古惟留楚客④悲。

秋草独寻人去后，寒林空见日斜时。

汉文⑤有道恩犹薄，湘水无情吊岂知。

寂寂江山摇落处，怜君何事到天涯。

注释

①贾谊：西汉文帝时政治家、文学家。后被贬为长沙王太傅，长沙有其故址。
②谪宦：贬官。
③栖迟：淹留。像鸟儿那样地敛翅歇息，飞不起来。
④楚客：流落在楚地的客子，指贾谊。长沙旧属楚地，故有此称。
⑤汉文：指汉文帝。

古诗今读

贾谊贬居此地有三年，淹留长沙令万古伤悲。我独自在荒草间寻觅，只见寒林日斜人空悲。汉文帝重才恩德尚浅，湘水无意谁知凭吊情？寂寞冷落空山黄叶飞，可怜沦落天涯不知情。

赏析要点

这是一篇堪称唐诗精品的七律。从题目看，这首诗是咏史怀古诗，是作者过长沙贾谊宅时借古人古事古迹寄托哀思的一首诗。

怀古诗有一个鲜明特点，即作者和所怀之人在经历、处境上有共同之处，从而惺惺相惜，情感上得以共鸣，继而表达自己或吊古伤今，或昔盛今衰，或怀才不遇等情感。

刘长卿"刚而犯上,两遭迁谪",与贾谊"同是天涯沦落人",有着类似的遭遇,当诗人只身来到贾谊的故居,更何况是寂寥萧索的深秋季节,怎不感慨万千?

首联的"悲"是诗眼。贾谊才高遭人诋毁,天子疏之,以其为长沙王太傅,被贬三年,有志却也"飞"不起来,只落得"万古"留悲,上下句意钩连相生,呼应紧凑,字里行间渗透着作者的惋惜之情,同时给人以抑郁沉重的悲凉之感。"惟"字点出了作者对贾谊的同情,"此"字,点出了"贾谊宅"。"栖迟",不仅写出了贾谊的不幸遭遇,也暗指自己的失意。"楚客",既指贾谊,又指作者自己,一语双关,含义丰富精到。一个"悲"字,直贯篇末,奠定了全诗凄怆忧愤的基调,不仅切合贾谊的一生,也暗寓了刘长卿自己遭贬的悲苦命运。

颔联由叙事转而写景。正是"同病相怜"吸引着作者前去瞻仰古迹,凭吊古人。作者用"秋草""寒林""日斜"来渲染"人去"后故宅一片萧条冷落的景色,寂寞兴叹的心情油然而生。"人去后""日斜时",表面上描写贾宅的情况,但又是使用文典。贾谊谪居长沙,长沙卑湿,谊自伤悼,乃为《鵩鸟赋》。《鵩鸟赋》中有"野鸟入室兮,主人将去""庚子日斜兮,鵩集予舍"的句子,化用在本诗,鬼斧神工,不着痕迹,表达出深切怀念与无限怅惘。

颈联追忆历史,痛抒悲情。此句中的"汉文有道"是反语,表面上写号称中兴之主的汉文帝任用贤才,实际上是将贤才一贬再贬,下句的"无情"正是对"有道"巧妙回应,说是"有道",实为"无道"。《贾生》诗中的汉文帝正是如此,表面"有道","夜半前席",一副礼贤下士的样子,但是却不是为天下苍生着想,而是问虚无的鬼神之事。那么,当时昏聩无能的唐代宗,对刘长卿当然更谈不上什么恩遇了。刘长卿的一贬再贬,沉沦坎坷,也就是必然的了。从贾谊的见疏,隐隐联系到自己。出句的"有道""犹"字,暗含对比,诗人既有自负,也有伤感。全句讽刺巧妙,一语双关。对句写当年贾谊到了长沙后在屈原投水处凭吊,并创作了著名的《吊屈原赋》,但湘水无情,怎能感受到贾谊的一片赤诚之心!西汉的贾谊更想不到近千年后的刘长卿又会迎着萧瑟的秋风来凭吊自己的遗址。后来者的心曲,恨不起古人于地下来倾听,当世更没有人能理解。

尾联出句描绘了一幅荒村日暮图。寂寞冷清的深山里，暮色更浓，江山寂寂，黄叶飘飘，这不正象征着当时风雨飘摇的国家局势吗？朝廷政治黑暗，国家危机四伏，最高统治者却"亲小人，远贤臣"，不辨忠奸贤愚，这和当年贾谊遭贬时有何不同？这句与第四句的"日斜时"映衬照应，加重了诗篇的时代气息和感情色彩。"君"，既指代贾谊，也指代刘长卿自己；"怜君"，不仅是怜人，更是怜己。对句表面同情贾谊被贬"江湖之远"，实际上也在感叹自己屡屡被贬斥的命运。"何事到天涯"句让读者感受到了悲伤、不平、愤恨，更是对不合理现实的强烈控诉！

作者掠影

刘长卿（约 726～约 786），唐代诗人。字文房，宣城（今属安徽）人，后迁居洛阳，河间（今属河北）为其郡望。玄宗天宝年间进士。肃宗至德中官监察御史，后为长洲县尉，因事下狱，贬南巴尉。代宗大历中任转运使判官，知淮西、鄂岳转运留后，又被诬再贬睦州司马。德宗建中年间，官终随州刺史，世称刘随州。刘长卿工于诗，长于五言，自称"五言长城"。《骚坛秘语》记录：刘长卿最得骚人之兴，专主情景。名作《逢雪宿芙蓉山主人》入选全日制学校教材。

延伸阅读

伤逝
——读《长沙过贾谊宅》随感

著名作家余秋雨说过："中国传统文学中最大的抒情主题不是爱，不是死，而是怀古之情，兴亡之叹。"

作为文人，官不可不做，"学而优则仕"是古训，被读书人奉为圭臬。屈原毕生追求"美政"理想；李白有"济苍生""安社稷"的政治追求；杜甫有"致君尧舜上，再使风俗淳"的宏伟抱负……

然而，理想很丰满，现实很骨感。屈原忠君爱国，可小人当道，终是被疏远、被流放；李白"仰天大笑出门去"，高唱"我辈岂是蓬蒿人"，他并不是不知道他只是陪天子与美人饮酒赋诗的御用文人而已；杜甫仕途失意，总算得了个左拾遗的小官，虽忠于职守，却也难逃莫须有的牵连……

"木秀于林风必摧之",当你出类拔萃了,光环越来越多了,貌似比身边的人过得好了,有人就坐不住了,戴着有色眼镜审视你了,轻者"羡慕""嫉妒",重者"恨",恨得结果便是被疏,被贬,被流放,甚至被杀。屈原如是,贾谊如是,刘长卿如是。

"古来圣贤皆寂寞"。盖李白、杜甫、屈原、贾谊、刘长卿之辈是寂寞的,孤独的,渴望有人理解,渴望觅得知音。可惜"举世皆浊我独清,众人皆醉我独醒","国其莫我知兮,独壹郁其谁语?"他们满腔的爱国热情,满怀的政治理想在残酷的现实面前一文不值,被摔得粉碎,摔得彻彻底底,摔断了他们的梦,摔断了他们的人生。

世俗的朝廷把冷眼抛向这些热心肠的诗人们,而这些仕途总不顺的诗人们在被撞得头破血流后不自觉地转而徜徉于瞻仰凭吊古迹,在咏评历史人物中,感慨岁月沧海桑田,喟叹人生万古悲风,借他人酒杯浇自己块垒。贾谊赴长沙王太傅任途中,经湘水触景生情,凭吊屈原亦以自伤;李商隐生不逢时,屡受排挤,借咏贾谊之事来书怀才不遇之情;东坡被贬黄州,亲临赤壁,思及周瑜,高唱"大江东去"抒忧愤……

但凡怀古之作,千百年来所抒发的情感大同小异。

刘长卿历来被评为言志类的作家。言志文学的作家比较重视个人的遭遇。参加科举多年才及第的刘长卿,本以为辛苦了一段日子后,就可以与盛世共度其为仕的理想生活,但一场安史之乱让他再次面临精神上苦难的煎熬。刘长卿除了经历战乱,在官场上也遭遇不幸的陷害,导致两次贬谪。唐人高仲武给予他的评断:"长卿有吏干,刚而犯上,两遭贬谪,皆自取之"。刘长卿遭诬陷被贬长沙,首先想到的当是"同是天涯沦落人"的贾谊。刘长卿悲叹自身与贾谊的命运相似,皆是高才被谗,远弃遐荒,怀才不遇。他与贾谊拥有相似的情感。"相似"是引发怜悯的一个因素,遭受过不幸的人有可能对别人所遭受类似的不幸而产生的怜悯之情。惺惺相惜使他们穿越历史,早已成为朋友,知音,隔着历史的长河,刘长卿在同情贾谊的同时也在倾诉着自己的无奈,为贾谊唱着挽歌,为自己唱着悲歌!

江水流逝,时光荏苒,历史匆匆。望着萧瑟冷清的贾谊故居,忆着贾谊的侘傺失望,念着自己的悲苦遭际,怎不动容?诗人已将自己和贾谊融为一体,我们仿佛看到了诗人抑制不住的泪水,听到了诗人声声伤心哀婉的叹喟!

"有路可走，卒归于无路可走"，这是所有热心肠文人的不幸，更是社会的悲哀。这些单纯的、执著地、一心为国为君为民的书生们，在无路可走的时候，只能对着荒败的古迹、已逝的古人嗟悼、哀叹、伤悲，借别人的灵堂，哭自己的悲伤！

斯人已逝，呜呼悲哉！

考试链接

1. 下列对作品的赏析错误的一项是（　　）

A. 首联写贾谊被贬长沙三年，有志不伸，心境悲凉，奠定了全诗抑郁沉重的感情基调。

B. 颔联写诗人步入贾谊故宅所见之景，渲染了寂寥的氛围，为下文抒发感慨做了铺垫。

C. 颈联写贾谊当年在湘水凭吊屈原，如今，诗人又来到长沙凭吊贾谊，此乃万古同悲。

D. 尾联感叹唐王朝风雨飘摇时却贬谪无罪的"我"，以直抒胸臆手法发出了愤怒的质问。

2. 颔联渲染了一种什么样的氛围？请简要分析。

3. 这首诗流露了诗人怎样的情感？请简要概括。

编注者：刘焕焕

【参考答案】

1. D　D项并不是采用直抒胸臆的手法，而是较为委婉含蓄，借落叶来表达。

2. 颔联通过对"秋草""寒林"和"人去""日斜"等景象的描写，以及作者的"独寻""空见"，渲染出一种萧条、凄怆的氛围。

3. 表达了对贾谊的同情，对汉文帝的指责，对自身际遇的慨叹，对当朝统治者的不满。

[南宋] 马麟 《静听松风图》（局部）

诉衷情①

[宋] 陆游

当年万里觅封侯②，匹马戍③梁州④。关河⑤梦断何处？尘暗旧貂裘⑥。

胡⑦未灭，鬓先秋⑧，泪空流。此生谁料，心在天山⑨，身老沧洲⑩。

注释

①诉衷情：词牌名。
②万里觅封侯：奔赴万里外的疆场，寻找建功立业的机会。《后汉书·班超传》载，班超少有大志，尝曰，大丈夫应当"立功异域，以取封侯，安能久事笔砚间乎？"后出使西域被封为定远侯。
③戍（shù）：守边。
④梁州：陕西南部汉中地区。陆游在48岁时在汉中川陕宣抚使署任职，过了一段军旅生活，积极主张收复长安。
⑤关河：关塞河防，指山川险要处。此处泛指汉中前线险要的地方。
⑥尘暗旧貂裘：貂皮裘上落满灰尘，颜色为之暗淡。这里借用苏秦典故，说自己不受重用，未能施展抱负。据《战国策·秦策》载，苏秦游说秦王"书十上而不行，黑貂之裘敝，黄金百斤尽，资用乏绝，去秦而归"。
⑦胡：古泛称西北各族为胡。南宋词中多指金人。此处指金入侵者。
⑧鬓先秋：鬓发早已斑白，如秋霜。
⑨天山：在中国西北部，是汉唐时的边疆。这里代指南宋与金国相持的西北前线。
⑩身老沧洲：沧州，滨水之地，古时隐士所居之处。

谢朓《之宣城郡出新林浦向板桥》诗有"既欢怀禄情，复协沧州趣"句。这里是指陆游晚年退隐的故乡绍兴镜湖边的三山。

古词今读

想当年，奔赴万里外的边疆，渴望建功立业、封侯拜将，单枪匹马奔赴边境戍守梁州。而如今，金戈铁马，气吐万里如虎的从军生活只能在梦中出现，梦醒之后，却不知身在何处？唯有自己当年在军中穿过的貂皮裘衣，已积满灰尘变得又暗又旧。

胡人未灭，自己的双鬓却早已白如秋霜，老泪纵横，无可奈何。这一生谁能预料，原想一心一意抗敌在天山，如今却一辈子终老于沧洲！

赏析要点

"当年万里觅封侯，匹马戍梁州。"开头两句，词人再现了往日壮志凌云，奔赴抗敌前线的勃勃英姿。1172年（乾道八年），陆游来到南郑（今陕西汉中），投身到四川宣抚使王炎幕下。在前线，他曾亲自参加过对金兵的遭遇战。"觅封侯"用班超投笔从戎、立功异域"以取封侯"的典故，写自己报效祖国，收拾旧河山的壮志。"万里"与"匹马"形成空间形象上的强烈对比，匹马征万里，那豪雄飞纵、激动人心的军旅生活至今历历在目，时时入梦，之所以会这样，是因为强烈的愿望受到太多的压抑，积郁的情感只有在梦里才能得到宣泄。

"关河梦断何处，尘暗旧貂裘。"在南郑前线仅半年，陆游就被调离，从此关塞河防，只能时时在梦中达成愿望，而梦醒不知身何处，只有旧时貂裘戎装，而且已是尘封色暗。一个"暗"字将岁月的流逝，人事的消磨，化作灰尘堆积之暗淡画面，心情饱含惆怅。

上片开头以"当年"二字楔入往日豪放军旅生活的回忆，声调高亢，"梦断"一转，形成一个强烈的情感落差，慷慨化为悲凉。至下片则进一步抒写理想与现实的矛盾，跌入更深沉的浩叹，悲凉化为沉郁。

"胡未灭，鬓先秋，泪空流。"这三句步步紧逼，声调短促，说尽平生不得志。放眼西北，神州陆沉，残房未扫；回首人生，流年暗度，两鬓已苍；沉思往事，雄心虽在，壮志难酬。"未、先、空"三字在承接比照中，流露出沉痛的感情，越转越深：人生自古谁不老？但逆胡尚未灭，功业尚未成，岁月已无多，这才迫切感到人"先"老之酸楚。"一事无成霜鬓侵"，一股悲凉渗透心头，人生老大矣。然而，即使天假数年，双鬓再青，也难以实现"攘除奸凶，兴复汉室"的事业。所以说，这忧国之泪只是"空"流，一个"空"字既写了内心的失望和痛苦，也写了对君臣尽醉的偏安东南一隅的小朝廷的不满和愤慨。

"此生谁料，心在天山，身老沧洲。"最后三句总结一生，反省现实。"天山"代指抗敌前线，"沧洲"指闲居之地，"此生谁料"即"谁料此生"。词人没料到，自己的一生会不断地处在"心"与"身"的矛盾冲突中，他的心神驰于疆场，他的身却僵卧孤村，他看到了"铁马冰河"，但这只是在梦中，他的心灵高高扬起，飞到"天山"，他的身体却沉重地坠落在"沧洲"。"谁料"二字写出了往日的天真与此时的失望，"早岁那知世事艰"，"而今识尽愁滋味"，理想与现实是如此格格不入，无怪乎词人要声声浩叹。以"心在天山，身老沧洲"两句作结，先扬后抑，形成一个大转折，词人犹如一心要搏击长空的苍鹰，却被折断羽翮，落到地上，在痛苦中呻吟。

陆游这首词，确实饱含着人生的秋意，但由于词人"身老沧洲"的感叹中包含了更多的历史内容，他的阑干老泪中融汇了对祖国炽热的感情。所以，词的情调体现出幽咽而又不失开阔深沉的特色，比一般仅仅抒写个人苦闷的作品显得更有力量，更为动人。

作者掠影

陆游（1125～1210），南宋著名诗人。字务观，号放翁。越州山阴（今浙江绍兴）人。少时受家庭爱国思想熏陶，高宗时应礼部试，为秦桧所黜。孝宗时赐进士出身。中年入蜀，投身军旅生活，官至宝章阁待制。晚年退居家乡。创作诗歌今存九千多首，内容极为丰富。著有《剑南诗稿》《渭南文集》《南唐书》《老学庵笔记》等。

这首词是作者晚年隐居山阴农村以后写的，具体写作年份不详。1172年（宋孝宗乾道八年），陆游应四川宣抚使王炎之邀，从夔州前往当时西北前线重镇南郑军中任职，度过了八个多月的戎马生活。那是他一生中最值得怀念的一段岁月。1189年（淳熙十六年）陆游被弹劾罢官后，退隐山阴故居长达十二年。这期间常常在风雪之夜，孤灯之下，回首往事，梦游梁州，写下了一系列爱国诗词。这首《诉衷情》是其中的一篇。

延伸阅读

辛词与陆词的区别

辛词以"壮语"出，陆词以"愤语"出。

在我国古代文学史上，是辛弃疾第一次把金戈铁马的铿锵之声引入词的歌唱中来。醉里看剑、沙场点兵、战马驰骋、霹雳弓箭，写得慷慨激昂，波澜壮阔！有着"壮岁旌旗拥万夫"的气概！确是前所未有的"壮词"，足见辛弃疾尽管被革职投闲而报国雄心不减；陆词以愤语出，那是因为南宋小朝廷不能容忍爱国将士积极的抗金活动，"匹马戍梁州"是陆游一生得以身临前线的唯一机会。急欲杀敌报国的陆游，十分振奋，出谋献策，积极准备，可不到一年，他就改任了。理想落空，报国无路，只剩下满腔的忧愤："胡未灭，鬓先秋。泪空流"，可谓既忧且愤又无奈。

辛词犹存少年意气，陆词可见迟暮心情。

辛弃疾年少之时即率部投入抗金活动，有着征战的实践经历。"醉里挑灯看剑"既是杀敌立功的豪气，也是少年英雄的意气！"梦回吹角连营"，日思夜盼，全不似被投闲之人，足见其少年意气长存于心头。你看，当年"沙场秋点兵"的军容、声威依旧历历在目，萦绕耳际！相对而言，陆词可见迟暮之情："尘暗旧貂裘"句，一个"暗"字写尽岁月蹉跎、人事变迁的无限感慨，流露出诗人惆怅凄凉暗淡的心境。"心在天山，身老沧州"，诗人借"沧州"表达自己被闲置的现实，而一个"老"字不仅表明闲居的时间长，而且道出了迟暮垂老、壮志未酬、无可奈何的苍凉心境。

辛词流露怨望之情，陆词呈现绝望之心。

辛弃疾被闲置，内心愤愤不平，充满怨恨之情，这是必然的事。但由于他一直期望把一生贡献给祖国的统一事业，"了却君王天下事"，就始终成为他梦魂牵萦的心愿。因此，闲居期间，仍然盼望着有朝一日朝廷会再起用他，让他重返战场杀敌。"挑灯看剑""梦回连营"，雄心犹在，怎无希望？而陆游的极大悲愤主要是由于他看到了统治者绝无恢复中原之意，报国理想最终遭到冷酷现实的扼杀！"此生谁料"，诗人似乎到此才发觉往昔的天真与今日的无奈,"泪空流",是理想落空的痛苦流露,也是对朝廷绝望之情的流露!

考试链接

1. 这首词塑造了一个怎样的词人形象?
2. 这首词运用了对比的写作手法,请结合词的内容进行简要分析。
3. 比较本词中"胡未灭,鬓先秋,泪空流"与陆游的"塞上长城空自许,镜中衰鬓已先斑"两句,其中的"空"字所蕴含的情感是否相同?试分析。

编注者:白 艳

【参考答案】

1. 塑造了一个鬓发已白、雄心不减、因时时牵挂边关而痛苦呻吟的爱国词人的形象。
2. 词人用昔日匹马驰骋疆场与今日蒙尘貂裘战袍作对比,心在前线战场(天山),身却不得不退居家乡(沧州)。如此强烈的对比,深层次地揭示了词人的崇高理想与残酷现实之间的矛盾和报国无门的愤懑。
3. 相同。"空"有"白白地""徒然"的意思,都抒发了报国无望的悲愤之情。本词中"空"字点染出这种近乎绝望的失望与痛苦,感情愈发的悲愤、沉郁。陆游自诩为塞上长城又有何用?年事已高,有心无力,"空""已"二字相映,写出了无限沉痛,极大悲愤。

［清］王时敏 《仿倪云林山水图轴》

浣 溪 沙

[清] 纳兰性德

身向云山那畔^①行,北风吹断^②马嘶声。深秋远塞若为情^③。一抹晚烟荒戍垒^④,半竿斜日旧关城。古今幽恨几时平。

注释

①那畔:那边。
②吹断:谓北风的吼声使马嘶声也听不到了。
③若为情:若,怎。若为,怎为之意。此处意谓面对如此深秋野塞又是怎样的情怀呢!宋晏几道《南乡子》:"柳外行人回首处,迢迢,若比银河路更遥。"又宋毛滂《小重山》:"江山雄胜为公倾,公惜醉,风月若为情。"
④荒戍垒:荒凉萧瑟的营垒。戍,保卫。

古词今读

我向着那高耸入云的方向前进。北风呼啸,淹没了战马的嘶鸣声。深秋远远的边塞,使人不禁情伤。

一抹晚烟袅袅升起,在这边地的城堡上显得尤其荒凉。夕阳西下,斜斜地照射在山海关城头的旗杆上。古往今来胸中的怨恨何时能平?

赏析要点

"身向云山那畔行",起句点明此行之目的地,很容易让人想起同是纳兰的"山一程,水一程,身向榆关那畔行"。"北风吹断马嘶声","北风"言明时节为秋,亦称"秋声"。边地北风,从来都是音声肃杀,听了这肃杀之声,只会使人愁绪纷乱,心情悲伤。而纳兰在此处云"北风吹断马嘶声"。听闻如此强劲、如此凛冽的北风,作者心境若何,可想而知。难怪他会感慨"深秋远塞若为情"。

"一抹晚烟荒戍垒,半竿斜日旧关城。"以简古疏墨之笔勾勒了一幅充满萧索之气的战地风光侧面。晚烟一抹，袅然升起，飘荡于天际，营垒荒凉而萧瑟；时至黄昏，落日半斜，没于旗杆，而关城依旧。词中寥廓的意境不禁让人想起王维的"大漠孤烟直，长河落日圆"以及范仲淹的"千嶂里，长烟落日孤城闭"。"一抹晚烟荒戍垒，半竿斜日旧关城""万帐穹庐人醉，星影要摇欲坠"，还是"山一程、水一程，身向榆关那畔行，夜深千帐灯"，纳兰都不过是边塞所见所经历的白描，作者本身并没有倾注深刻的生命体验，这类作品的张力无法与范仲淹"塞下秋来风景异"同日而语。不过，纳兰的边塞词当中那种漂泊的诗意的自我放逐感，的确是其独特之处。

本篇的结尾"古今幽恨几时平"，极写出塞远行的清苦和古今幽恨，既不同于遣戍关外的流人凄楚哀苦的呻吟，又不是卫边士卒万里怀乡之浩叹，而是纳兰对浩渺的宇宙，纷繁的人生以及无常的世事的独特感悟，虽可能囿于一己，然而其情不胜真诚，其感不胜拳挚。

作者掠影

纳兰性德（1655～1685），与朱彝尊、陈维崧并称"清词三大家"，清代最著名词人之一。满洲人，字容若，号楞伽山人。其"纳兰词"在清代以至整个中国词坛上都享有很高的声誉，在中国文学史上也占有光彩夺目的一席。他生活于满汉融合时期，其贵族家庭兴衰具有关联于王朝国事的典型性。虽侍从帝王，却向往经历平淡。特殊的生活环境背景，加之个人的超逸才华，使其诗词创作呈现出独特的个性和鲜明的艺术风格。脍炙人口的词句如"人生若只如初见，何事秋风悲画扇""山一程，水一程，身向榆关那畔行，夜深千帐灯"等均出自纳兰性德之手。

延伸阅读

李煜与纳兰性德的共同点

李煜，晚唐五代词人中的杰出代表；纳兰性德，清初复兴词坛的主将之一。李煜与纳兰性德，一为亡国之君，一为乌衣承平之少，身份经历固不可同日而语，然综观二人之心路历程、词作之情感特征与美感，却有着诸多惊人的相似之处，均是以其纯真、率性的情怀，喷薄出对事物敏锐的感触，字字珠玑，声声血泪。"词之言情，贵在得真"。后主词的情感抒发是以"真"取胜，以"真"感人。容若的词作有意识地追求"纯任性灵，纤尘不染"，其真挚、浓郁、深沉、缠绵的情感时时给人以心灵的撞击。

1. 情真——"词人者，不失其赤子之心"。李煜词的纯真之美，最主要是得力于其情感抒发的率真自然。纳兰性德是非常重感情的人，他用情的至真、至深常常洋溢于笔墨之外，他词作中的那种真挚、沉郁、缠绵的情感，时时给人以深深的震撼、撞击与感染。

2. 景真、事真——"以自然之眼观物"。李煜前期的词作，有描写大自然清新的风景画面以表现其对隐逸生活的向往的篇章。而作为康熙帝身边的一等侍卫，容若经常扈从出巡，身负重任，跋涉穷边寒塞，这对于厌倦仕宦生涯的容若来说，是极为懊恼之事。在他的词中，有不少境界壮阔而又情致绵绵的边塞词。

3. 语真——"以自然之舌言情"。语言总是为表情达意服务的，李煜词的情感、内容所表现出的真挚、自然、纯任性情，正是通过其"清水出芙蓉，天然去雕饰"的文学语言传达出来的。同样，纳兰词多呈自然标格、别样清幽之致，多现含蓄蕴藉又不失清灵隽秀之美。宛如一曲曲真挚动人的心灵之歌，情真意切，令人神往。

千古痴儿泪，一颗赤子心。富贵非所愿，悲歌与梦萦。李煜与纳兰性德，其纵逸天真，真率任情，既是其人格特征，又演化为其词之审美特质，成为词作艺术魅力之根本。不同的生活遭遇使他们真切地感受到了人生的苦难，摧毁了他们的生命活力，而他们又都以一颗"赤子之心"，自以其天生所禀赋的那份纯乎纯者、易于感发且富于关怀的纤柔善感的词心，把心灵的矛盾和挣扎的痛苦，用血与泪谱写出一曲曲哀婉的悲歌。

考试链接

1. 这首词中哪些词语写出了塞外的荒凉？请分析。

2. 这首词中的"古今幽恨几时平"一句蕴含了哪些情感？

编注者：朱文文

【参考答案】

1. 深、远、晚、荒、旧一系列形容词。深秋远塞，揭示出时间处于深秋，给人以寒冷萧瑟印象，空间处于偏远荒凉之地。晚烟、荒戍垒、旧关城，给人以暮色、黯淡与荒凉、残破之感。

2. 这首词抒发了奉使出塞的凄惘之情，描绘了深秋远寒、荒烟落照的凄凉之景，而景中又无处不含悠悠苍凉的今昔之感，可谓情景交融。最后"古今幽恨几时平"则点明主旨，极写出塞远行的清苦和古今幽恨，表达了诗人对浩渺的宇宙，纷繁的人生以及无常世事的独特感悟。

[清] 梅清 《仿古山水》（之四）

蝶 恋 花

[宋] 欧阳修

庭院深深深几许，杨柳堆烟①，帘幕无重数。玉勒雕鞍②游冶处③，楼高不见章台④路。

雨横风狂三月暮，门掩黄昏，无计留春住。泪眼问花花不语，乱红⑤飞过秋千去。

注释

①堆烟：形容杨柳树多枝密，远远望去如烟如雾。
②玉勒（lè）雕鞍：用玉装饰的马嚼子，雕有精美花纹的马鞍子。代指华贵的车马。
③游冶处：游玩的地方，此处指歌楼妓馆。
④章台：汉时长安城有章台街，是当时长安妓院集中之处，后人以章台代指妓院赌场等场所。
⑤乱红：飘零的落花。

古词今读

庭院幽深，不知到底有多深？站在庭院向外望去，只见依依杨柳，如烟如雾。重重叠叠的窗户上，一重重帘幕不知有多少，让人无法看到远处。那停靠在章台的豪华马车，有没有自己思念的人呢？想到这里，就登上高楼一看究竟，但路途遥远，怎么能看见通向章台的大路呢？

春已至暮，三月的狂风带着雨丝在飞舞，夜幕降临，想要用重重院门留住暮春一天中最后的光阴，无奈无法留住春的脚步。含泪询问落花可知道我的心意，落花默默不语，纷乱地飘零着，一点一点飞到秋千那边去了。

赏析要点

本篇为一首暮春闺怨词，描写了暮春时节深闺女子怀人伤春的苦闷愁怨，是闺怨词中千古传诵的名作。

"庭院深深深几许，杨柳堆烟，帘幕无重数。"呈现于读者面前的是一位深闺女子愁眉不展，独自徘徊于庭院的情景。这三句突出一个"深"字，因为庭院深而幽深封闭，难得与外界接触，又有院里如烟如雾的杨柳和层层的帘幕，更增添了无数阻隔。极写主人公身处内外隔绝的阴森、幽邃环境中，代指女主人公身心所受到的压抑和禁锢。层层的阻隔，不但暗示了女主人公的孤身独处，也暗示出了女主人公心事深沉、怨恨无处可诉的心境。深深的庭院，如烟如雾的杨柳，无重数的帘幕，不仅增加了女主人公与思念之人的现实距离，也增加了他们心里的距离。

"玉勒雕鞍游冶处，楼高不见章台路。"这两句所写内容是女子所想，想象远在他乡的丈夫的情景。猜测丈夫不归家，大概是留恋歌台妓院吧，为了证实一下自己的猜测，登上高楼眺望，遗憾的是路途遥远，看不到通往章台的道路，也曲折地表现了女主人公对丈夫的思念之苦。

"雨横风狂三月暮，门掩黄昏，无计留春住。"此三句借暮春之景写春光将逝，韶华不再，人生易老之痛。在一个雨横风狂的暮春傍晚，希望把黄昏这一天中最后的光阴留住，但光阴匆匆，留不住春天的脚步。正如李清照《声声慢》中"梧桐更兼细雨，到黄昏、点点滴滴。这次第怎一个愁字了得"。借景抒情，借留不住的春光，表达了女主人公对青春易逝、韶华不再的痛苦之情。

"泪眼问花花不语，乱红飞过秋千去。"写女子的痴情与绝望，含蕴丰厚。"泪眼问花"，实即含泪自问。"花不语"，也非回避答案，正讲少女与落花同命共苦，无语凝噎之状。"乱红"飞过青春嬉戏之地而飘去、消逝，正是"无可奈何花落去"。在泪光盈盈之中，花如人，人如花，最后花、人莫辨，同样难以避免被抛掷遗弃而沦落的命运。"乱红"意象既是下景实摹，又是女子悲剧性命运的象征。这种完全用环境来暗示和烘托人物思绪的笔法，深婉不迫、曲折有致，真切地表现了生活在幽闭状态下的贵族少妇难以明言的内心隐痛。

作者掠影

欧阳修（1007~1072），北宋政治家、文学家、史学家。字永叔，号醉翁，晚号"六一居士"。吉州永丰（今江西省永丰县）人，因吉州原属庐陵郡，以"庐陵欧阳修"自居。谥号文忠，世称欧阳文忠公。与韩愈、柳宗元、王安石、苏洵、苏轼、苏辙、曾巩合称"唐宋八大家"。后人又将其与韩愈、柳宗元和苏轼合称"千古文章四大家"。

欧阳修自幼喜爱读书，常从城南李家借书抄读，他天资聪颖，又刻苦勤奋，往往书不待抄完，已能成诵；少年习作诗赋文章，文笔老练，有如成人，其叔由此看到了家族振兴的希望，曾对欧阳修的母亲说："嫂子不必担忧家贫子幼，你的孩子有奇才！不仅可以光宗耀祖，他日必能闻名天下。"

欧阳修在中国文学史上有着重要的地位。他继承了韩愈古文运动的精神。作为宋代诗文革新运动的领袖人物，他的文论和创作实绩，对当时以及后代都有很大影响。

延伸阅读

闺怨"双璧"，蝶恋"双花"

晏殊和欧阳修生活在同一个时代，晏殊年长欧阳修16岁，但是欧阳修比晏殊多活了17年，所以说两人生活的时代相同，同为北宋文坛巨匠，在文学文风和诗风方面有许多相通之处。这种相通可以从二人写的同词牌"蝶恋花"中略见一斑。

他们写的"蝶恋花"有如下三个共同点：

其一是两首诗都选了代表季节的特殊景物作为词的主要意象，并通过这个意象来表达闺阁之怨，欧阳修用了暮春特有的意象"乱红"，晏殊用了秋天特有的意象"归燕"，通过意象写出了抒情主人公的深沉的思念。

其二是两首诗都用了同样的表现手法来表达主人公"盼归"之情。欧阳修写的是"楼高不见章台路"，晏殊写的是"独上高楼，望尽天涯路"。

其三是两首诗都写不知"离人"在何处，心中的苦无人能知的痛苦和绝望。欧阳修写的是"泪眼问花花不语，乱红飞过秋千去"，晏殊写的是"欲寄彩笺兼尺素，山长水阔知何处"。

因此这两首词可以说是宋词闺怨"双璧"，蝶恋"双花"。

当然，两首诗还是有不同的地方，欧阳修的词凝重，读后让人感到深沉的苦痛；晏殊的轻灵，读后让人在感叹的同时又感受到幽美。这大概与二人生活的环境和人生际遇不同有关系。追古抚今，千年而下，我们仍然可以感受到这两首诗词中散发的温度，感受到词人那种委婉动人的深情。

考试链接

1. 下列与本诗描述的季节相同的一项是（　　）
   A. 乱花渐欲迷人眼，浅草才能没马蹄。
   B. 忽如一夜春风来，千树万树梨花开。
   C. 杨华榆荚无才思，惟解漫天作雪飞。
   D. 接天莲叶无穷碧，映日荷花别样红。

2. 唐圭璋曾说："此首写闺情，层深而浑成。"结合本词内容，试具体分析"层深"的特点。

编注者：乔　峰

【参考答案】

1. B
2. "层深"的特点非常明显。从整体开看，第一层是"深"，第二层是"远"，第三层是"惜"，第四层是"思"。第一层的"深"表现为，庭院深，庭院中除了有浓密的杨柳阻挡视线，还有那一重重的帘幕更给人与世隔绝之感；第二层是因深而远，所以站在高楼也无法望见；第三重是院深，路远，所以离人难归，而春已尽，日已昏，叹惜韶华已尽；第四层是春尽而花落，因落花而想到逝去的青春，故而落泪，因伤心落泪而问飘零之花，因花不语而更加伤心，伤心不过时花却自顾落去。

[明] 唐寅 《王公拜相图卷》

阮 郎 归

[宋] 欧阳修

南园春半踏青①时,风和闻马嘶②。青梅如豆柳如眉③,日长④蝴蝶飞。

花露重,草烟⑤低。人家帘幕垂。秋千慵困⑥解罗衣,画堂双燕归。

注释

①踏青:春日郊游。唐宋踏青日期因地而异。有正月初八者,也有二月二日或三月三日者。后世多以清明出游为踏青。

②马嘶:指游人车马的声音。嘶,叫。

③青梅如豆柳如眉:青梅结得像豆子那么大,柳叶长得像美人的眉毛。后世多以此句描绘明媚的春日风景。

④日长(cháng):过了春分的节令,白天渐渐长了。这里还有整个白天的意思。

⑤草烟:形容春草稠密。

⑥慵(yōng)困:困倦。

古词今读

在南园中踏青,风中一阵阵香车宝马的喧声飞扬。枝头小小如豆,刚结了点点青梅。乍舒开的柳叶,一叶叶修长尖细,恰似佳人妩媚的黛眉。白昼长长,蝴蝶轻盈地追绕花蕊。

花瓣上露水,一滴滴沉得像要掉下来。薄雾轻烟笼着芳草。黄昏要到了,游人散去,多少人家帘幕低垂。秋千荡罢,松解罗衣,只感觉倦意微微如醉,想要依枕小憩,抬头看到梁上一双燕子也已经归巢。

赏析要点

这首词表现的是思妇怀人的情绪，内心情感的流露十分含蓄。通篇没有直说思念的地方，也没有直呈愁怨的言语，但春光大好，游园不能令"她"情意欢畅，园中荡秋千也不闻盈盈笑语，一切只是默默，终而无言无绪欲拥衾独眠。说明女主人公并不是因春光和悦、暖风熏人而娇慵易倦，而是"别有一般滋味在心头"。

词的上片写女子游南园所闻所见，选择加以表现的声音、景物都有极丰富的含义。"春半踏青时"，仲春时节，花繁艳、草丰茂，正是一年春光最美的时候，人们会在此时结伴踏青。这里突出两种意味：一是大好春光欲与所思之人分享而不能；二是此际虽是春之繁盛之时，但同时也是将衰之日，好景易逝，时光空流，好不容易历尽凄凉秋意、冰封冬雪，迎来春光，却仍是盼不回远人。"青梅如豆柳如眉"，梅子结于枝头清晰可见，柳叶也已非"陌头柳色"之鹅黄新绿，而是已长如女子修长黛眉。这仍是以外物的变化，暗示时光的流逝，叹怨远人"可怜春半不还家"。"风和"句，写听觉感受。春天不仅景繁丽，音亦繁闹无比：莺啭燕咤、欢声笑语、笙歌管弦等等，可写之声极多，但女主人公耳际只徘徊着风声与马鸣。其实女主人公充耳不闻春之"乐"音，在于她内心愁闷：想当日作别之时，"他"如何不是身跨骏马、扬鞭远去；如今别人家的游子勒马而归，自己却独独等不回"他"。因此写马声亦是写愁思。末句"日长"正是"春日迟，日迟独坐天难暮"之意，无伴、失伴倍觉时光难熬。而蝶双飞，追绕花丛之间，愈发惹动相思之情。这几句无一处写情，但又无一处不含情。

下片，写女子独在园中已许久，暮色来临，露上娇花，凝珠如泪，草锁轻烟，春气低迷。望邻家重帷深下，知天时已晚，不禁长叹。秋千荡罢，困懒无聊。痴坐无绪，返至屋中。点灯亦是独坐，且不堪忆共剪烛花之情，不如向梦中去，或可忘却，或可一见。总之女主人公此时已是心力交瘁，不愿再思再想。然而无意抬头，却见"双燕"洒于画栋之上。真燕还是画燕并无关碍，关键是在古人心中"燕"向来少有独飞之时，"卢家少妇郁金堂，海燕双栖玳瑁梁""双燕双飞绕画梁，罗帷翠被郁金香"。"双燕"实喻夫妇和谐相伴，则此时见"双燕"，少妇只能痛断肝肠。

整首词深于言情，善于写景，情蕴景中，以景结情。读后颇有低回欲绝，余音袅袅之致，代表了欧词和婉、深隽的特色。

作者掠影

欧阳修（1007～1072），字永叔，号醉翁，晚号"六一居士"。吉州永丰（今江西省永丰县）人，因吉州原属庐陵郡，以"庐陵欧阳修"自居。谥号文忠，世称欧阳文忠公。北宋政治家、文学家、史学家，与韩愈、柳宗元、王安石、苏洵、苏轼、苏辙、曾巩合称"唐宋八大家"。后人又将其与韩愈、柳宗元和苏轼合称"千古文章四大家"。

延伸阅读

浅谈思妇诗

我国诗歌源远流长，从第一部诗歌总集——《诗经》算起，至今也有2500多年历史了。而思妇诗也是其中美丽的一角。

思妇诗源远流长，在先秦时代就有其滥觞。《诗经·王风·君子于役》就是一首典型的思妇诗。不过当时还没有"思妇"一词，据《文选》记载，"思妇"一词最早见于战国宋玉的《高唐赋》："姊归思妇，垂鸡高巢，其鸣喈喈"，但此时"思妇"是指鸟名。直到《宋书·乐志》引曹丕《燕歌行》："慊慊思归恋故乡，君何淹留寄他方"，"思妇"才确指怀念远出丈夫的妇人。

"思妇"这个文学题材的产生并不是偶然的，是和产生它的时代的社会历史条件紧密相关的。在中国古代，妇女的社会地位是十分低下的。在这一点上，就连被后人尊为圣人的孔子也不能免俗，子曰："唯小人与女子难养也。"在中国文明的发轫期，男尊女卑的传统观念就已经形成。妇女被种种男权主义所制定的清规戒律束缚在家中，她们被要求"从一而终"，要恪守"夫为妻纲""七出"等封建纲常，否则就会被视为大逆不道。虽然如此，丈夫对于妻子而言仍然是唯一的寄托。

在古代的乱世，有征戍；在"盛世"，有徭役，每当自己的丈夫被迫离开家乡，也即远离自己时，对于很多家庭妇女来说就成了重大打击。她们的愁苦是显而易见的，而这就为思妇诗最初产生提供了素材和依据。《诗经》中的《卫风》等，都是先秦思妇诗伟大的开端。

思妇诗中的思妇形象大体分为两种，一是哀怨青春年华的虚度，渴望夫妻团圆，流露出对人生价值的追求；二是相思悲闷、忠贞不渝的思妇形象。思妇诗中没有突出家庭温馨与劳动生活，而是把现实生活中的感触、体会融入了夫妇关系，突出的是同心和知音。思妇流露的是思念与牵挂，孤独与凄楚，担心与忧虑，渴望与呼唤。她们在家中等待丈夫的归来，伤感，寂寞，无助，思念。当日离别的情形仍历历在目，心中的人仿佛还在视线的尽头映着落日余晖，他被拉长的影子渐行渐远，可他仍在女子的心中久久徘徊，心中的人近在咫尺，远行的人却已在天涯。思念的距离，咫尺就是天涯。

她们在思念之中，包含的更是对忠诚度的忧虑和自我安慰，伤情无语中难寻坚忍，幻生的希望中普遍缺少信心；永久的等待，是对时光力量的承受和希冀。

当我们掩卷沉思的时候，那些画面上心事重重的佳人，仍旧没有等到远行的归人，她们一如诗人当年落笔时那般寂寞，但她们没有料到，却因此，她们成了不老的红颜，任凭时光如何斑驳，那抹腮红，那滴清泪，连同我们头顶上那亘古奔流的银河，以永远伤感的形象，存于时光的记忆之中，正像她们当年那样。

考试链接

1. 这首词的首句点明时已春半，上片是从哪些地方体现出来的？
2. 结合下片简要分析末句"画堂双燕栖"所蕴含的情感。

编注者：李　颖

【参考答案】
1. 游人踏青，春风和煦，梅子初长，柳条抽叶，白昼变长，蝴蝶纷飞。
2. 天色渐晚，主人公踏青归来坐在秋千上，感觉到疲乏，欲解衣小憩，抬头见画堂上立着两只燕子，猛然感到自己的孤单，心生怅惘，思念之情油然而生。

[明] 陈洪绶 《拈花仕女图》

玉　楼　春①

[宋] 欧阳修

尊前②拟把归期说，欲语春容③先惨咽。人生自是有情痴，此恨不关风与月。

离歌④且莫翻新阕⑤，一曲能教肠寸结。直须看尽洛城花⑥，始共春风容易别。

注释

①玉楼春：词牌名。《词谱》谓五代后蜀顾夐词起句有"月照玉楼春漏促""柳映玉楼春欲晚"句；欧阳炯起句有"日照玉楼花似锦""春早玉楼烟雨夜"句，因取以调名。亦称"木兰花""春晓曲""西湖曲""惜春容""归朝欢令"等。
②尊前：即樽前，饯行的酒席前。
③春容：如春风妩媚的容颜。此指别离的佳人。
④离歌：指饯别宴前唱的流行的送别曲。
⑤翻新阕：按旧曲填新词。白居易《杨柳枝》："古歌旧曲君休听，听取新翻杨柳枝。"阕，乐曲终止。
⑥洛城花：洛阳盛产牡丹，欧阳修有《洛阳牡丹记》。

古词今读

把盏言别，有多少不忍念及不忍道出的深情。心中盘算一个归期给予安慰，然而，离人尚未语，佳人已低咽。人生啊，"情之所钟，正在我辈"，情到深处陷痴绝，那楼台清风、中天明月，与人事了无关涉，只因情痴人眼中观之，遂皆成伤心断肠物。

离歌一曲，已叫人愁肠寸寸郁结，千万莫再演唱新的一阕。来吧，尽管去把满城牡丹看尽，你与我同游相携，遣玩尽兴，这样才容易淡然无憾地与归去的春风辞别。

赏析要点

"尊前拟把归期说，欲语春容先惨咽"，"尊前"是指在送别的筵席上，本打算虚构一个归期，可还未说出口，"春容"已"惨咽"，显然是猜透心思后说不出话的凄惨，所以自己也不便再说假话。"尊前"，原该是何等欢乐的场合，"春容"又该是何等美丽的人物，而"尊前"所要述说的却是指向离别的"归期"，于是"尊前"的欢乐与"春容"的美丽，乃一变而为伤心的"惨咽"了。这种转变与对比之中，隐然见出欧公对美好事物之爱赏与对人世无常之悲慨二种情绪以及两相对比之中所形成的一种张力。

"人生自是有情痴，此恨不关风与月"是对眼前情事的一种理念上的反省和思考，作者清醒地认识到"离情别恨是人与生俱来的情感，与风花雪月无关。""风与月"即清风与明月，指惹人惆怅的自然美景。"情痴"即迷恋于爱情的人，多情的人。这样的人，痴迷于爱与情，一旦万物的变化，触景生情，都可以肝肠寸断，伤心欲绝，所谓"吾观风雨，吾览江山，常觉风雨江山之外，别有动吾心者"。无论是来去无踪影的清风，亦或是圆亏有规律的中天明月，皆原本无情，与人事了无关涉，只因情痴人眼中观之，遂皆成伤心断肠之物，所谓"太上忘情，其下不及情，情之所钟，正在我辈"。如此也就把对于眼前一件情事的感受，推广到了对于整个人世的认知，将情趣和理趣统一起来，又与"尊前""欲语"的使人悲惨呜咽之离情暗相呼应，也为下阕由深重的离愁转入乐观的虚设作好了铺垫。

"离歌且莫翻新阕，一曲能教肠寸结"，古时在送别时常常有陪酒的歌女唱离别的歌，称为离歌。"翻新阕"即按旧曲填新词。如白居易《杨柳枝》所云"古歌旧曲君休听，听取新翻杨柳枝"。词家为了强调离别的痛苦，在这里用另一种方式加强了语气。啊！别让歌女们再唱新的离歌啦！只这一曲离别的歌声，已经唱的她泪珠儿一串串地往下滴，唱的她肝肠寸断，那堪再唱新的离歌哦？这里有鲜明的时代背景，在当时，此地一别，便可能永生不得再见，没有电话、手机、微信，从此就可能音信杳无，所以相见时难别亦难，被贬到远方的人回一封书信那是非常之难的，时间也很长，那种离愁的强烈通过此句泼墨出去，离别的忧伤令人锥心刺骨、肝胆寸裂、长痛不已。

"直须看尽洛城花，始共春风容易别"，词家在道尽离愁后，为了反转情绪的低落，结尾突然扬起，换用豪宕的口吻以宣泄沉重的心态。"直须"即应当。"洛城花"即洛阳盛产牡丹。按照词人的意思，就是先要将那洛阳城里城外的牡丹看到酣足以后，再与春风告别也不迟。其中，"直须"用得很妙，要把"洛城花"完全"看尽"体现出词人的遣玩意兴及旷达的心态。然而，"洛城花"毕竟有"尽"，"春风"也毕竟要"别"，事实上，愁绪并非如此容易遣散的，词人只是以遣玩的意兴暂时挣脱伤别的沉重罢了。所以王国维在《人间词话》中论及欧词此数句时，乃谓其"于豪放之中有沉著之致，所以尤高"。其实"豪放中有沉着之致"，不仅道出了《玉楼春》这几句的好处，而且也恰好说明了欧阳修想要以乐观的虚设强作宽慰之语来写离别之情。

作者掠影

欧阳修（1007～1072），北宋文学家、史学家。字永叔，号醉翁，晚号六一居士。庐陵（今江西吉安）人。公元1030年（天圣八年）进士。官馆阁校勘，因直言论事贬知夷陵。庆历中任谏官，支持范仲淹，要求在政治上有所改良，被诬贬知滁州。官至翰林学士、枢密副使、参知政事。王安石推行新法时，对青苗法有所批评。谥文忠。

主张文章应明道、致用，对宋初以来靡丽、险怪的文风表示不满，并积极培养后进，欧阳修在中国文学史上有重要的地位。他大力倡导诗文革新运动，是北宋古文运动的领袖。散文大都内容充实，精炼流畅，叙事说理，娓娓动听，抒情写景，引人入胜，寓奇于平，诸如《醉翁亭记》《丰乐亭记》。抒情委婉，为"唐宋八大家"之一。

欧阳修也擅长写词，主要内容仍是恋情相思、酣饮醉歌、惜春、赏花之类，善于以清新疏淡的笔触写景。偏重抒情的词，写得婉曲缠绵，情深语近。此外，其诗语言流畅，亦有沉郁顿挫的佳作；词风深婉清丽，疏宕俊朗；曾与宋祁合修《新唐书》，并独撰《新五代史》。又喜收集金石文字，编为《集古录》，对宋代金石学颇有影响。

延伸阅读

与众不同的送别

送别是旧时文人聚会的一个重要形式。一为寄情，无论升迁还是贬谪，一去不知还能否再见，或为之鼓励或为之叹息。在离别前后，都会有文集传于当世，不论是送行的人还是被送的人都有了曝光的机会，或是表露才情，以期被贵人看重，或是表露不满，展示自己的抱负等等。

北宋词人在离别时，尤其是在欧阳修以前，绝大多数写的是流连光景、儿女悲欢的内容，思想境界比较低狭；而能够从这些内容推阐开去，涉及社会人生大问题的，却非常之少，甚至几乎没有。

欧阳修并不只是一个词人，他既是文章能手，又是一位政治家，还是一位考古学家。他学识丰富，眼界很高，所以即使是通常送别的主题，在他的手里，却可以翻出很不寻常的意思来。此词，居然从儿女柔情中提出带有哲理的大问题："人生自是有情痴，此恨不关风与月"是对眼前情事的一种理念上的反省和思考，而如此也就把对于眼前一件情事的感受，推广到了对于整个人世的认知，于伤别中蕴含平易而深刻的人生体验；他认为既然人的感情是丰富的，又是那样地经受不起挫折和损害，怎么办呢？那就应该让感情充分地抒发，充分地加以满足，只有这样，人生才能觉得没有遗憾。正如把洛阳城里城外的牡丹看到酣足以后，人就容易同洛阳的春风分手了。这种胸襟在词坛中是十分罕见的。

考试链接

1. 下列对这首诗的理解和赏析，不正确的两项是（　　）

A. 首句"尊前"，表示对友人的尊重，词人准备向朋友提出告别，但出语很轻，告诉朋友别后归来的期限。

B. 第二句着一"欲"字，照应首句"拟"字，心态毕现，欲语未语，而对方已是春容惨咽，可见相知之深，相别之苦。

C. "离歌且莫翻新阕，一曲能教肠寸结"与前人所写的"古歌旧曲君休听，听取新翻杨柳枝"的诗句，既异曲同工又推陈出新。

D. 末二句虚写，设想把满城的牡丹看尽，才会少一些离别的伤感而容易与归去的春风一起，向朋友道别。

E. 全词写离愁，以实开笔，以虚作结，做到首尾关合，以乐观之虚设冲淡苦别之现实，这正是别于婉约的豪放风格。

2. 赏析名句"人生自是有情痴，此恨不关风与月"。

3. 前人评论"直须看尽洛城花，始共春风容易别"，认为"于豪放之中有沉着之致"，请结合诗句简析。

编注者：周　华

【参考答案】

1. AE　"尊前"即"樽前"；本词是一首婉约词，只是在末两句中以乐观的虚设强作宽慰之语来写离别之情。
2. ①词人认识到，人生自有一些痴情存在，这种遗憾原与风月等自然景物无关；②这两句使用直抒胸臆和借代的手法，把对眼前离别的感受上升到对整个人生的认识，将情趣和理趣统一起来；③承接前二句，也为下阕由深重的离愁转入乐观的虚设作好了铺垫。
3. "直须、看尽、始共、容易"四词，写出了离别之际尚有看尽洛城花的兴致，可见豪放；而洛城花会"尽"，与春风终要"别"，又蕴含着沉重的离别伤感与春归惆怅之情。

[清] 王原祁 《溪亭秋色图轴》

别云间[①]

[明] 夏完淳

三年[②]羁旅[③]客,今日又南冠[④]。
无限山河泪,谁言天地宽。
已知泉路[⑤]近,欲别故乡难。
毅魄[⑥]归来日,灵旗[⑦]空际看。

注释

① 云间:上海松江区古称云间,是作者家乡。1647年,作者在这里被清廷逮捕,后解往南京临别松江时写下此诗。题目"别云间",意即"别故乡"。
② 三年:指作者自参加抗清活动到写此诗时,已有三年(15岁~17岁)时间。
③ 羁(jī)旅:寄居他乡,生活漂泊不定。羁旅客,指作者参加抗清斗争而漂泊外地,远离家乡。
④ 南冠(guān):古代南方楚人戴的帽子,指代被囚禁的人。语出《左传》,楚人钟仪被俘,晋侯见他戴着楚国的帽子,问左右的人:"南冠而絷(zhí,拴、捆)者,谁也?"后世以"南冠"代被俘。又如骆宾王《在狱咏蝉》:"西陆蝉声唱,南冠客思深。"
⑤ 泉路:黄泉路,指死亡。泉,黄泉,置人死后埋葬的地穴。
⑥ 毅魄:坚强不屈的魂魄。语出屈原《九歌·国殇》:"身即死兮神以灵,魂魄毅兮为鬼雄。"故"毅魄"可理解为"英魂、鬼雄",表达作者死后仍将抗清的不屈意志。又如李清照《夏日绝句》:"生当作人杰,死亦为鬼雄。"
⑦ 灵旗:古代出兵征伐时所用的一种旗帜。这里指后继者的队伍。

古诗今读

三年来我为抗击清兵在外东奔西走，今天兵败被俘沦为阶下囚。

如此美丽的河山已失陷令人伤心落泪，天地宽广却没有我的容身之处。

我心中很清楚离黄泉之路已经不远了，只是要与故乡诀别心中依旧恋恋不舍。

在我死了以后，我的魂魄依旧会重归故土，在灵旗之下看义军重振山河。

赏析要点

这是一首诀别诗，年仅 17 岁的夏完淳在抗清斗争中不幸被捕，在解往南京前诀别故乡时写下的。全诗以质朴的语言，直抒胸臆，表达的不是对生命苦短的感慨，而是对山河沦陷的极度悲愤，对家乡亲人的无限依恋以及对抗清必胜的坚定信念。

首联以叙事发端。作者以简洁的语言自叙抗清斗争经历，其中"羁旅"一词将诗人从父允彝、师陈子龙起兵抗清到身落敌手这三年辗转飘零、艰苦卓绝的抗清斗争生活作了高度概括；而"南冠"一词化用《左传》里的典故，表明自己虽被俘但气节不改的坚定信念。

颔联以抒愤承接。诗人壮志未酬而身陷敌手，眼看大明江山"国破山河在"，满目疮痍，衰颓破败，不禁悲从中来，流不尽"无限山河泪"；而不济的时运、多舛的命运，又让诗人恢复故土、重整河山的爱国宏愿一次次落空，他深感哀恸，忍不住向上苍发出"谁言天地宽"的质问与诘责。

颈联转故园之思。诗人被俘后"已知泉路近"；即将踏上慷慨就义之途，却"欲别故乡难"。就要永别家乡和亲人，万般情感涌上心头：国仇家恨未报，心有不甘；而自己是家中唯一男嗣，此番赴难，家运不幸，恐无后嗣，念及自己长年抗清奔波在外，未能在母前尽孝，让妻子（有孕在身）女儿在家孤守未能尽责，内心自然涌起对家人深深的愧疚与无限依恋。对故乡、亲人恋恋不舍的情感尽显字里行间。

尾联重申复明之志。尽管故乡、亲人牵魂难别，但诗人最终以国家大志、民族大义为重。生前未能完成大业，死后也要化作毅魄、鬼雄，回到人间亲自看后继者率部起义，恢复大明江山。暗指抗清义军后继有人，表达坚决复明的决心。尾联两句以铮铮誓言作结，昭示了诗人坚贞不屈的战斗精神、精忠报国的赤子情怀。

全诗思路流畅清晰,感情跌宕豪壮。起笔叙艰苦卓绝的飘零生涯,承笔发故土沦丧、山河破碎之悲愤慨叹,转笔抒眷念故土、怀恋亲人之深情,结笔盟誓志恢复之决心。诗作格调慷慨豪壮,读来荡气回肠。

作者掠影

夏完淳(1631~1647),明末(南明)著名诗人,少年抗清英雄,民族英雄。原名复,字存古,号小隐,又号灵首(一作灵胥),乳名端哥。汉族,明松江府华亭县(现上海市松江)人。夏允彝之子,师从陈子龙,他自幼聪明,有神童之誉,"五岁知五经,七岁能诗文"。十五岁从父及师陈子龙参加抗清活动,辗转漂泊,后事败被捕下狱,赋绝命诗,遗母与妻,临刑神色不变,年仅十七岁。以殉国前怒斥洪承畴一事,称名于世。著有《南冠草》《狱中上母书》《续幸存录》等。

夏完淳在世虽只有 17 年,但他在明末文坛上却留下不可磨灭的光辉印迹,特别是他在被捕以后,写了不少慷慨悲壮而又清新明朗、表现民族气节的诗篇,有强烈的艺术感染力,引人共鸣。郭沫若抗战时期著有戏剧《南冠草》即言夏完淳事,曾激励许多誓以热血拯救祖国的中华儿女。

延伸阅读

夏完淳怒斥洪承畴

夏完淳被捕后,清军派重兵把他押到南京,主持审讯他的正是招抚江南的大汉奸洪承畴。洪承畴知道夏完淳是江南出名的"神童",想用软化的手段使夏完淳屈服。他装出一副温和的神气说:"我看你小小年纪,未必会带兵造反,想必是受人蒙骗误入叛军。只要你肯归顺大清,我给你大大的官做。"

夏完淳不为所动,假装不知道上面坐的是洪承畴,反问道:"你是何人?"

旁边的衙役提醒他说:"上面坐的是洪大人,洪亨九(洪承畴的字)先生。"

夏完淳佯作不知,厉声喝道:"胡说,你等怎敢冒称洪大人。我听说我朝洪亨九先生,是个豪杰人物,当年松山一战,他以身殉国,震惊中外。我正是钦佩他的忠烈,才欲杀身殉国,效仿先烈洪先生的义举,怎能落在他的后面。"

这番话把洪承畴说得面红耳赤，满头是汗。旁边的兵士以为夏完淳真的不认识洪承畴，提醒他说："别胡说，上面坐的就是洪大人。"

夏完淳"呸"了一声说："洪先生为国牺牲，天下人谁不知道。崇祯帝曾亲自设祭，满朝官员为他痛哭哀悼。你们这些逆贼叛徒，怎敢冒充先烈，污辱忠魂，真是猪狗不如！"

说完，他指着洪承畴骂个不停。小英雄字字戳到洪承畴灵魂痛处，使得这个变节之人如万箭攒心般难堪、难受。洪承畴被骂得脸色铁青，不敢再审问下去。

夏完淳智斗大汉奸洪承畴，巧妙羞辱这位清朝鹰犬的故事受人称颂，广为流传。

考试链接

1. 最能表现诗人坚贞的民族气节、坚强的斗志、大无畏的精神的一联是_____，_____。
2. "已知泉路近，欲别故乡难"，难在何处？
3. 这首诗和文天祥的《过零丁洋》写作背景相同，都是诗人在被押解途中所作，两首诗在思想感情上有何异同？请你简要分析。

编注者：师　文

【参考答案】
1. 毅魄归来日，灵旗空际看。
2. 抗清事业难成，老父已经殉国，家中老母尚在，妻子有孕在身，今日踏上死亡之旅，再也难见故园和亲人，对此心中怎能不有所留恋？
3. 相同点：都包含着诗人对山河破碎的满腔悲愤、对救亡图存大业未就的遗憾和强烈的爱国之情，以及誓死如归的精神。

不同点：《别云间》还表达了诗人对故乡亲人的依恋和对抗清斗争的坚定信念。

[明] 蓝瑛 《蓉菊图轴》

蝶 恋 花

[宋] 晏殊

槛①菊愁烟兰泣露。罗幕②轻寒，燕子双飞去。明月不谙③离恨苦，斜光到晓穿朱户④。

昨夜西风凋⑤碧树⑥。独上高楼，望尽天涯路。欲寄彩笺⑦兼尺素⑧，山长水阔知何处。

注释

①槛（jiàn）：栏杆。古建筑常于轩斋四面房基之上围以木栏，上承屋角，下临阶砌，谓之槛。
②罗幕：丝罗的帷幕，富贵人家所用。
③不谙（ān）：不了解，没有经验。谙，熟悉，精通。
④朱户：犹言朱门，指大户人家。
⑤凋：衰落。
⑥碧树：绿树。
⑦彩笺：彩色的信笺。
⑧尺素：书信的代称。古人写信用素绢，通常长约一尺，故称尺素，语出《古诗》"客从远方来，遗我双鲤鱼。呼儿烹鲤鱼，中有尺素书"。

古词今读

清晨栏杆外的菊花笼罩着一层愁惨的烟雾，兰花沾露似乎是饮泣的露珠。罗幕之间透露着缕缕轻寒，一双燕子飞去。明月不明白离别之苦，斜斜的银辉直到破晓还穿入朱户。

昨天夜里西风惨烈，凋零了绿树。我独自登上高楼，望尽那消失在天涯的道路。想给我的心上人寄一封信。但是高山连绵，碧水无尽，又不知道我的心上人在何处。

赏析要点

　　这首词是晏殊写闺思的名篇。上片描写苑中景物，运用移情于景的手法，注入主人公的感情，点出离恨；下片承离恨而来，通过高楼独望生动地表现出主人公望眼欲穿的神态，蕴含着愁苦之情。全词情致深婉而又寥阔高远，深婉中见含蓄，广远中有蕴涵，很好地表达了离愁别恨的主题。

　　起句"槛菊愁烟兰泣露"，写秋晓庭圃中的景物。菊花笼罩着一层轻烟薄雾，菊花仿佛因这烟雾弥漫的天气感到哀愁；秋天兰花叶上凝结的露珠，在诗人眼中却像是兰默默饮泣留下的痕迹。用"愁烟""泣露"将兰和菊人格化，将主观感情移于客观景物，透露女主人公自己的哀愁，所见之景皆诗人心之所感。

　　次句"罗幕轻寒，燕子双飞去"，写新秋清晨，罗幕之间荡漾着一缕轻寒，燕子双双穿过帘幕飞走了。这两种现象之间本不一定有联系，但充满哀愁，在节候特别敏感的主人公眼中，那燕子似乎是因为不耐罗幕轻寒而飞去。这里，与其说是写燕子的感觉，不如说是写帘幕中人的感受，而且不只是生理上感到初秋的轻寒，而且心理上也荡漾着因孤子凄凄而引起的寒意。燕的双飞，更反托出人的孤独。这两句纯写客观物象，表情非常委婉含蓄。接下来两句"明月不谙离恨苦，斜光到晓穿朱户"，从今晨回溯昨夜，明点"离恨"，情感也从隐微转为强烈。明月本是无知的自然物，它不了解离恨之苦，而只顾光照朱户，原很自然；既如此，似乎不应怨恨它，但却偏要怨。这种仿佛是无理的埋怨，却有力地表现了女主人公在离恨的煎熬中对月彻夜无眠的情景，内心情感无所寄托，只能将情绪释放于不解风情的明月上面。

　　"昨夜西风凋碧树，独上高楼，望尽天涯路。"过片承上"到晓"，折回写今晨登高望远。我"独上"反照燕"双飞"，而"望尽天涯"正从一夜无眠生出，脉理细密。"西风凋碧树"，不仅是登楼即目所见，而且包含有昨夜通宵不寐、卧听西风落叶的回忆。碧树因一夜西风而尽凋，可见西风劲厉肃杀之烈，此处一语双关，诗人昨夜极度寂寞的心情和怅然若失的离恨之苦正如"西风凋碧树"一样煎熬着自己的身心。景已萧索，人又孤独，没有令人消沉，在几乎言尽的情况下，作者反而迸发出一种新的欲求，出人意料地展现出一片广远寥廓的境界："独上高楼，望尽天涯路。"这里固然有凭高望远的苍茫之感，也有不见所思的空虚怅惘，但这所向空阔、毫无窒碍的境界却又给主人公一种精神上的满足，使其从狭小的帘幕庭院的忧伤愁闷转向对广远境界的骋望，这是从"望尽"一词中可以体味出来的。这三句尽管包含望而不见的伤离意绪，但感情是悲壮的，没有纤柔颓靡的气息；语言也洗净铅华，纯用白描。这三句是此词中流传千古的佳句。

高楼眺望，不见所思，因而想到音书寄远："欲寄彩笺兼尺素，山长水阔知何处！"两句一纵一收，将主人公音书寄远的强烈愿望与音书无寄的可悲现实对照起来写，更加突出了"满目山河空念远"的悲慨，词就在这渺茫无着落的怅惘中结束。"山长水阔"和"望尽天涯"相应，再一次展示了令人神往的境界，而"知何处"的慨叹则更增加摇曳不尽的情致。

作者掠影

晏殊（991～1055），字同叔，北宋前期的著名词人、诗人、散文家，抚州临川（今江西省抚州市）人，是当时抚州籍的第一个宰相。13岁时，以神童召试，赐同进士出身。时人称他和他的第七子晏几道（1037～1110）为"大晏"和"小晏"。著有《珠玉词》，其作品大多反映富贵悠闲的生活，尤其以词的艺术成就著称，能以疏淡闲雅的语言写出较深的含义，音韵和谐，意境清新。

延伸阅读

"神童"晏殊

晏殊十四岁时，有人以"神童"的名义把他举荐给皇帝。皇帝召见了他，并要他与一千多名进士同时参加考试。

结果晏殊发现试题是自己十天前刚练习过的，就如实向真宗报告，并请求改换其他题目。宋真宗非常赞赏晏殊的诚实品质，便赐给他"同进士出身"。晏殊当职时，正值天下太平，京城的大小官员经常到郊外游玩或在城内的酒楼茶馆举行各种宴会，晏殊因为家贫，无钱出去吃喝玩乐，只好在家里和兄弟们读写文章。

有一天，真宗提升晏殊为辅佐太子读书的东宫官。大臣们异常惊讶，不明白真宗为何做出这样的决定。真宗说："近来群臣经常游玩饮宴，只有晏殊闭门读书，如此自重谨慎，正是东宫官合适的人选。"

晏殊谢恩后说："我其实也是个喜欢游玩饮宴的人，只是家贫而已。若我有钱，也早就参与宴游了。"这两件事，使晏殊在群臣面前树立起了信誉，而宋真宗也更加信任他了。

考试链接

1. "槛菊愁烟兰泣露"一句中用了哪种修辞手法？渲染了什么样的氛围？
2. "昨夜西风凋碧树"一句"景中含情"历来为人称道，请简要赏析。
3. 词中刻画了一位什么样的主人公形象？请简要分析。

编注者：刘艳茹

【参考答案】

1. ①拟人；②清冷（哀愁）。
2. ①碧树因一夜西风而尽凋，景色萧索；②暗示主人公昨夜通宵不寐，卧听西风落叶的愁苦心境，萧索之景含有强烈的孤独之情。
3. 主人公因离别之苦而一夜未眠，次日所见庭院之景更感孤独凄清；登高望远不见所思，满腹离愁更无处可寄。刻画了一位满腹离愁、孤独（怅惘）的女主人公形象。

[清] 袁江 《阿房宫图屏》

山 坡 羊
骊山怀古

[元] 张养浩

骊山①四顾，阿房②一炬③，当时奢侈今何处？只见草萧疏，水萦纡④。至今遗恨迷烟树。列国周齐秦汉楚⑤，赢，都变做了土；输，都变做了土。

注释

①骊山：今陕西临潼区东南。杜牧《阿房宫赋》中曾写道"骊山北构而西折，直走咸阳。"
②阿房：阿房宫，秦宫殿名，故址在今陕西西安市西南阿房村。
③一炬：指公元前206年12月，项羽引兵屠咸阳，"烧秦宫室，火三月不灭"（见《史记·项羽本纪》）。故杜牧有"楚人一炬，可怜焦土之叹息。"（见《阿房宫赋》）
④萦纡（yíng yū）：形容水流回旋迂曲的样子。
⑤周齐秦汉楚：这首曲虽以"骊山怀古"为题，但作者感怀、议论的范围不仅限于"周齐秦汉楚"，至少应理解为涉及了定都关中的隋、唐两朝。

古词今读

登上骊山，放眼望去，曾经雄伟辉煌的阿房宫付之一炬，当年奢侈的场面现在到哪里去了呢？只（望）见草木稀疏萧条，水波缓缓旋绕而去。

到现在那些遗恨已消失在烟雾弥漫的树林中了。（想想）自周、齐、秦、汉、楚等国至今，那些战胜了的国家，都化作了土；（那些）战败了的国家，（也）都化作了土。

赏析要点

张养浩为官清廉，爱民如子。天历二年（1329年），因关中旱灾，被任命为陕西行台中丞以赈灾民。他隐居后，决意不再涉仕途，但听说重召他是为了赈济陕西饥民，就不顾年事已高，毅然应命。他去西秦过程中，亲睹人民的深重灾难，感慨叹喟，愤愤不平、遂散尽家财，尽心尽力去救灾，终因过分操劳而殉职。他死后，"关中之人，哀之如先父母"（《元史·张养浩传》）。这首小令便是写于应召往关中的途中。

前三句引经据典，引用了杜牧《阿房宫赋》中的典故，回顾了骊山的历史，与如今萧条落败的景象形成了鲜明的对比；作者用"今何处"一个反问句，写出了对从古至今所发生的巨大变化的感慨，并自然而然地引出下文。

"只见草萧疏，水萦纡。"此刻，作者并没有对阿房宫周围的景物进行细致描摹，而只是简单地描写了"草""水"这两种景物。曾经辉煌至极的殿堂早已不复存在，此时只有荒草、流水的陪伴。景中寓情，情由景生："遗恨迷烟树"，秦川一带山山水水都饱含了作者的激愤之情。这里虽然只提到"周齐秦汉楚"，其实又何止"覆压三百余里"的阿房，未央宫、长乐宫，"山顶千门次第开"的华清宫不也荡然无存，只留下一片荒烟蔓草？作者的激愤之情溢于言表，但作者并没有让它喷涌而出，而是用"赢，都变做了土；输，都变做了土"这种内蕴含蓄，欲诉还休的方式将自己的情感表达出来，给人留下无限思索的余地。

作者掠影

张养浩（1270～1329），元代前期，著名的散曲家之一。字希孟，号云庄，山东济南人。著有散曲集《云庄闲居自适小乐府》、文集《归田类稿》等。与《山坡羊·骊山怀古》同时的姊妹篇有《山坡羊·骊山怀古之二》《潼关怀古》《洛阳怀古》《北邙怀古》《沔池怀古》二首、《未央怀古》《咸阳怀古》。这九首都是用"山坡羊"的调子写的小令，对朝代的兴亡更替给人民带来的疾苦和灾难，做了细致描述和深刻揭露。

延伸阅读

张养浩其人

张养浩，字希孟，号云庄，故自称"云庄老人"。

祖父张山早年从戎，父亲张郁十六岁起便承担家务，在江淮间，做些小本买卖，积累了一定的资产。祖父和父亲乐善好施，经常救助身边有困难的人。

在这样的环境熏陶下，张养浩幼有义行，七岁的时候，看见别人把东西落在路上，却浑然不知，张养浩就追上去将东西还给人家。十九岁时，游济南白云楼，作《白云楼赋》，流露出对建功立业的渴望。后来得到山东按察史焦遂的举荐，出任东平学正。至元二十九年（1292年）后荐入御史台，期间结识翰林学士姚燧、元明善等，并和他们成为好友，此后的生涯中颇受他们的影响。至大三年（1310年），上《时政书》万余言，洋洋洒洒，抨击朝政十弊，言皆切直，为当国者不容，而后被免官。

至大四年（1311年），仁宗继位，张养浩又被召为中书省右司都事，先后任翰林待制、翰林学士、秘书少监、礼部侍郎。这是他仕途比较得意的时期。

从1321年到1329年正月，张养浩在历城云庄别业过了八年隐居生活。其间，朝廷曾七次征召于他，他都力辞不就。

天历二年（1329年），关中大旱，流民无数，饥民相食，朝廷以陕西行台御史中丞召其往陕西救灾。他去西秦过程中，亲睹人民的深重灾难，感慨叹喟，愤愤不平、遂散尽家财，尽心尽力去救灾，终因过分操劳而殉职。他死后，"关中之人，哀之如先父母"（《元史·张养浩传》）。后追封滨国公，谥文忠。

正如他在《静斋记》中对自己仕途生涯的概括："往者又尝为三釜之养，从仕京师，四方豪杰，川汇而林立，相与酾酒赋诗，抵掌谈天下事。又以王命，北走燕，南走吴越，风于餐，雨于宿，波浪于舟，崇冈峻阪于骑，虎狼之虞，盗贼之警，传舍邮亭之荒寂，不知凡几涉几历矣。"

张养浩自十九岁步入仕途，有过辉煌、得意，也有过风波、失望，但我们可以从中看出一个饱读诗书的知识分子对现实的热切关注、对社会、人民的深沉责任感。

考试链接

1. 《山坡羊·骊山怀古》与《山坡羊·潼关怀古》中"望西都，意踌躇，宫阙万间都做了土"意境相似的语句是：＿＿＿＿＿＿＿＿＿＿＿＿＿。

2. 对这首散曲词句解释不正确的两项是（　　）

A.《骊山怀古》是作者登临古代帝王宫殿遗迹

之后抒发的感慨,尾句"赢,都变作了土;输,都变作了土",孤立地看,似乎显得消极,但整体把握,则不难看出一位封建文人对历史兴亡的彻悟。

B. "只见草萧疏,水萦纡",属于景物描写,借景抒情,由景抒发对封建统治者的无奈,表达了对统治者互相残酷厮杀的讽刺。

C.《骊山怀古》中作者所感怀、议论的范围仅限于曲中提到的"周秦汉楚。"

D.《骊山怀古》中的"至今遗恨迷烟树",其叙事主体是"列国周齐秦汉楚","迷烟树"同苏轼《赤壁怀古》词中的"灰飞烟灭"语义相同。

E.《骊山怀古》中的"阿房一炬",同杜牧《阿房宫赋》中"楚人一炬,可怜焦土"同指一事,即秦始皇极尽奢华修造的阿房宫,被进入咸阳的项羽付之一炬。

3. 请简析这首曲词的艺术表现手法。

编注者:李 苏

【参考答案】
1. 骊山四顾,阿房一炬,当时奢侈今何处?
2. CD C 选项中作者所感怀、议论不仅局限于"周齐汉楚",至少应理解为涉及了定都关中的隋、唐两朝。曲中不提隋唐而列入了与关中地区关系不大的"齐楚",是出于用韵和平仄声调的需要。并列五国是暗示依此延推之意。D 选项中有两处错误,一处是"至今遗恨迷烟树"的叙事主体不是"列国周齐秦汉楚",而是作者发出的感慨,感叹直到现在遗留下的遗憾还萦绕不去。另一处是"迷烟树"与苏轼《赤壁怀古》中的"灰飞烟灭"语义不同,后者的意思指一切均不存在了。

3. ①用典。前两句"骊山四顾,阿房一炬,"用了《阿房宫赋》中的典故。回顾骊山的历史,曾是秦朝宫殿的所在,如今却成为废墟。②反问。"当时奢侈今何处"一句中,作者用"今何处"一个问句,强调了对从古到今历史所发生的巨大变化的感慨,并顺其自然地引出下文。③借景抒情。"只见草萧疏,水萦纡",此刻,作者并没有对阿房宫周围的景物进行细致描摹,而只是简单地描写了"草""水"这两种景物。曾经辉煌至极的殿堂不复存在,只有荒草、流水的陪伴,更加重了作者怀古伤今的情感分量。④借古讽今。这种亡国的遗恨不止秦朝才有,实际上作者在这里借古讽今,希望元朝能够吸取前人的经验教训,及时挽救危亡的局面。⑤对比。"赢,都变做了土;输,都变做了土。"这两句在对比中鲜明地表达了作者的观点:无论输赢,一切都化作了尘土,"都变做了土",我们可以看作这是对封建王朝的一种诅咒,更是作者对统治者争名逐利,不顾百姓生死的社会现状的愤懑。

［明］唐寅 《竹溪高士图轴》

寄黄几复①

[宋] 黄庭坚

扫一扫，听朗读

我居北海君南海②，寄雁传书谢不能③。

桃李春风一杯酒，江湖夜雨十年灯。

持家但有四立壁④，治病不蕲⑤三折肱⑥。

想见读书头已白，隔溪猿哭瘴溪⑦藤。

注释

①黄几复：名介，南昌人，是黄庭坚少年时的好友，时为广州四会（今广东四会市）县令。
②我居北海君南海：化用《左传·僖公四年》："君处北海，寡人处南海，惟是风马牛不相及也。"
③寄雁传书谢不能：传说雁南飞时不过衡阳回雁峰，更不用说岭南了。
④四立壁：引用《史记·司马相如传》："文君夜奔相如，相如驰归成都，家徒四壁立。"
⑤蕲：祈求。
⑥肱：上臂，手臂由肘到肩的部分，古代有三折肱而为良医的说法。
⑦瘴溪：旧传岭南边远之地多瘴气。

古诗今读

我住在北方海滨，而你住在南方海滨，欲托鸿雁传书，可惜它却飞不过衡阳。

当年春风下观赏桃李我们推杯换盏共饮美酒，如今江湖落魄，一别已是十年之久，我时常对着孤灯听着秋雨思念着你。

你平生正直清廉支撑生计几乎只有四堵空墙，生活艰难至此，却不忘初心，君子固穷。无须久病之后才成良医，你早已练就了一身经天纬地的"医国"之才。

想你清贫自守发奋读书，如今头发早已斑白了吧，隔着充满瘴气的山溪，猿猴伴着声声哀鸣攀援着深林里的青藤。

赏析要点

要与一篇诗文产生共鸣，首要的就是找好角度，我读《寄黄几复》的角度是照镜子。鲁迅说："一部红楼梦，经学家看见《易》，道学家看见淫，才子看见缠绵，革命家看见排满，流言家看见宫闱秘事"，简单地说就是什么样的人看到的就是什么样的世界，每个人看问题的角度映射出他的趣味与向往所在，这就是照镜子。

如果让我们来形容一个朋友，可能会形容"他很帅""他很风趣""他很聪明""他很有经济头脑"等，但是黄庭坚脑海里朋友的印象却是"持家四立壁""治病三折肱""白头读书"等等。这黄几复不是因为优秀让人瞩目，不是给我帮助让我感恩，也不是一起干过啥轰轰烈烈的大事让我忘不掉的挥斥方遒，而是黄几复身为县令却家徒四壁，没有为富贵而谋身；虽经折肱之痛不忘治病之志，没有因仕途不顺变得世故，学会阿谀奉承，不择手段向上爬；即使家贫如洗，即使半辈子辛苦得不到上面赏识，即使在穷山恶水的南蛮之地，却仍然能定下心来做个白头读书翁。君子固穷，黄几复就是这样的人。

孟子说"富贵不能淫，贫贱不能移，威武不能屈，此之谓大丈夫"，黄几复就是这样的大丈夫。从黄庭坚看黄几复的角度，我们可以知道，黄庭坚不是一个外貌协会的会员，也不是一个享乐主义者，更不是一个世故功用的人，而是形而之上，注重品行操守，所以他才能一想起黄几复，就看到了品行操守。正因为二人志趣相投，所以桃李盛开，春风和煦之间的一桌饭，一番交流，能够在十年的江湖飘摇，能在凄凉苦雨的夜里也一直念念不忘。黄几复，就是黄庭坚宦海沉浮，或者说人生沉浮中的一盏明灯，是凄风苦雨中的一丝温软，更准确地说黄庭坚与黄几复互为明灯、互为慰藉，正是这种吾道不孤的念头支撑着、勉励着二人面对种种困苦依然方正前行。

黄庭坚在首句用南北海实写二人之远，用鸿雁不能虚写二人的遥不可及，正好像镜里镜外两个不同的世界，但在照镜子的人眼里，双方忽视了那种遥远、那重重阻隔，仿佛近在眼前，近在咫尺。只要想起，就会生发"有朋自远方来，不亦乐乎？"的亲近感。这首《寄黄几复》，通过照镜子的特殊方式，让我们能细细品鉴镜里镜外的两个古人的风骨，感受君子之交淡而隽永的情感，再通过镜子让我们照见自身，知古论今，古今共勉。

作者掠影

黄庭坚（1045～1105），北宋著名文学家、书法家。字鲁直，号山谷道人，晚号涪翁，洪州分宁（今江西省九江市修水县）人。为盛极一时的江西诗派开山之祖，与杜甫、陈师道、陈与义素有"一祖三宗"（黄庭坚为其中一宗）之称。与张耒、晁补之、秦观游学于苏轼门下，合称为"苏门四学士"。生前与苏轼齐名，世称"苏黄"。著有《山谷词》，且黄庭坚书法亦能独树一格，为"宋四家"之一。

延伸阅读

黄庭坚的传说故事

黄庭坚得中进士之后，被朝廷任命为黄州的知州，就任时才 26 岁。有一天他在州衙内午睡，梦中，他走出衙门，来到一处乡村，老远看见一个满头白发的老婆婆，站在家门外的香案前祷告，口中喊着一个人的名字，桌上供着一碗芹菜面。黄庭坚走近前去，看那碗面还热气腾腾，似乎很好吃，便不自觉地端起来吃，吃完回衙。一觉醒来，梦境很清晰，嘴里还有芹菜香味。但他并未在意，以为只是一梦罢了。

次日午睡，再梦如昨，菜香幽幽，梦境历历。黄庭坚感到不可思议，遂起身步出州衙，循着梦中道路行去，欲探个究竟。行至一村落，景物依稀，仿佛回到故乡一般。他径直走到一户人家，叩门而进，正是梦中所见的老婆婆，便问她有无在门外喊人吃面之事。老人答道："昨天是我女儿的忌日，因为她生前喜欢吃芹菜面，所以我在门外喊她回来吃面，我每年都是这样做。"

黄庭坚感到惊奇，问道："你女儿死去多久了？"老人答："已经 26 年了。"黄庭坚突然想到，自己今年正是26岁，昨天恰是自己的生日。遂再问她女儿在世的情形，家中境况如何。老人说："我只有一个女儿，她生前喜欢读书，信佛吃素，很是孝顺，但不肯嫁人。并发愿说求来世转男身，做文学家。到26岁那年生病死了，死的时候，她说还要回来看我的。"

黄庭坚大惊，忙问："她的闺房在那里？我可以看看吗？"老婆婆手指着一间旧房说："就是这一间。你自己进去看吧，我给你倒茶去。"黄庭坚走进房里，环顾四周，卧床桌椅，倍感亲切。只见靠墙有一个大柜，依然锁着。他问老人："那里面是什么？"老人答："全是她看过的书。""可以打开看看吗？"老人家说："锁匙不知女儿放哪里了，所以我一直无法打开。"

黄庭坚心中琢磨了一下，居然找出锁匙，打开书柜，发现里面许多书稿。他细阅之下，发现他每次试卷的文章，竟然全在这里，而且一字不差！黄庭坚沉思良久，恍然大悟，知道自己前生曾是女儿身，此地是他前生的老家，老婆婆便是他前生之母。如今这个家只剩老母一人。于是他跪拜在地，含泪称娘亲，说自己就是她的女儿转世。随后，黄庭坚回州衙带人来迎接老母同往，奉养终身。

黄庭坚在州衙后园植竹一丛，建亭一间，命名"滴翠轩"。亭中有山谷的石刻像，自题像赞曰："似僧有发，是俗无尘，参梦中梦，悟身外身。"此赞亦可证明山谷的转世故事，真实不虚。

考试链接

1. "桃李春风一杯酒，江湖夜雨十年灯"被称为"奇语"，请从对比手法运用的角度进行简要赏析。

2. 请结合诗的后四句，简要概括黄几复的形象特点。

3. 请简要赏析这首诗的结句。

编注者：李　娜

【参考答案】
1. ①"桃李春风"与"江湖夜雨"，一忆京城相聚之乐，一抒别后相思之苦，形成对比；②"一杯酒"与"十年灯"，一言欢会极其短促，一说飘泊极其漫长，形成对比；③通过对比，凸显了诗人对友人的思念之情。
2. 为官清廉、怀才不遇、好学不倦。
3. ①运用想象，②描写了友人生活环境的凄凉，③表达了对友人境遇的不平和惋惜。

唐寅 《震泽烟树图》（局部）

武 陵 春

[宋] 李清照

扫一扫，听朗读

风住尘香①花已尽，日晚倦梳头。物是人非②事事休③，欲语泪先流。

闻说双溪④春尚好，也拟⑤泛轻舟。只恐双溪舴艋⑥舟，载不动许多愁。

注释

①尘香：落花化为尘土，而芳香犹在。陆游《卜算子》："零落成泥碾作尘，只有香如故"，与此意同。
②物是人非：风物依旧，人事却已不同。这里是说，自己与丈夫（赵明诚）收集的金石、文物、书籍还在，可大宋朝廷却偏安一隅，丈夫也已经去世，自己流离失所，一切均已不可与往昔相比。
③事事休：一切事情都完了。
④双溪：浙江金华的一条河。东港、西港二水流至金华汇合，称婺港，又称双溪，是当时的游览胜地。这里指的是李清照将要春游的地方。
⑤拟：准备、打算。
⑥舴艋：小舟也，见《玉篇》及《广韵》。舴艋舟，小船，两头尖如蚱蜢。

古词今读

风停了，尘土里带有花的香气，花儿已凋落殆尽。日头已经升得老高，我却懒得来梳妆。景物依旧，人事已变，一切事情都已经完结。想要倾诉自己的感慨，还未开口，眼泪先流下来。

听说双溪春景尚好，我也打算泛舟前去。只恐怕双溪蚱蜢般的小船，载不动我许多的忧愁。

赏析要点

这首词是李清照避难浙江金华时所作。其时金兵进犯,丈夫既已病故,家藏的金石文物也散失殆尽,作者孑然一身,在连天烽火中漂泊流寓,历尽世路崎岖和人生坎坷,处境凄惨,内心极其悲痛。

上片极言眼前景物之不堪,心情之凄苦。下片进一步表现悲愁之深重。全词充满"物是人非事事休"的痛苦,表现了她的故国之思。构思新颖,想象丰富。通过暮春景物勾出内心活动,以舴艋舟载不动愁的艺术形象来表达悲愁之多。写得新颖奇巧,深沉哀婉,遂为绝唱。

首句写当前所见,"风住尘香"四个字表达了一场小小的灾难的后果:狂风摧花,落红无数,花已沾泥,人践马踏,依然化为尘土,所余痕迹,但有尘香。这四个字不但含蓄,而且扩大了容量,使人从中体会到词人更为丰富复杂的感情。次句写由于所见所闻,故所为如此。日头已高,头犹未梳,虽与《凤凰台上忆吹箫》中"起来慵自梳头"语意全同,但那是生离之愁,这是死别之恨,情景截然不同。

三四句,由含蓄转为纵笔直写,点明一切悲苦,由来皆因物是人非。而这种变化是广泛的、重大的、剧烈的变化,无尽的痛苦、悲哀全在其中。所以,词人以"事事休"作结,概括自己的绝望之情。

上片极言所见景色之凄惨,心境之凄苦,所以,下片便宕开,从远处说起。李清照是极爱游山玩水的。双溪是浙江金华的名胜风景区,她想借游览来排遣心中的凄惨心境。但实际上,她的痛苦之大,哀愁之深,又岂是泛舟一游所能消释?所以在未游之前,就已经料到愁重舟轻,不能承担了。词人的设想既新颖,又真切。下片共四句,前两句开,一转;后两句合,又一转;而以"闻说""也拟""只恐"六个虚字来转折传神。试想,春日的双溪好呀,只是听说;泛舟出游,也不过是"也拟",下面又忽然出"只恐",抹杀了上面的"也拟"。听说了,也动念了,结果呢?还是一个人坐在家里发愁。

这首词的文思新颖,自然贴切,丝毫无矫揉造作之嫌。以船来载愁,形象生动,将愁物质化了。

作者掠影

李清照(1084~1155),宋代女词人。号易安居士,齐州济南(今山东省济南市章丘区)人。婉约词派代表,有"千古第一才女"之称。

李清照出生在书香门第，早期生活优裕，其父李格非藏书甚富，她小时候在良好的家庭环境中打下文学基础。出嫁后与丈夫赵明诚共同致力于书画金石的搜集整理。金兵入据中原时，流寓南方，境遇孤苦。所作词，前期真实地反映了她的闺中生活和思想感情，题材集中于写自然风光和离别相思，如《如梦令》二首，活泼秀丽，语新意隽。后期主要是抒发伤时念旧和怀乡悼亡的情感，表达了自己在孤独生活中的浓重哀愁、孤独、惆怅，如《声声慢》。作品有《易安居士文集》《易安词》，已散佚。后人有《漱玉词》辑本。今有《李清照集校注》。

延伸阅读

李清照趣事二则

其一：

李清照的姨母在清明前给李清照做了一件衣服，让她在清明可以穿着去踏青。那天李清照穿上这件衣服来到街上，看到一个老者正在卖一本《古金石考》的古书，这可是李清照渴望了好久也没有得到的古书啊。她马上询问老者这本书的价格，老者称这本书好歹也要卖个三十两。可是李清照浑身上下找了个遍，也才找到十来两银子。

情急之下，李清照转身跑到当店，把她姨母做给她的那件新衣服脱下就当了，当了二十多两银子，凑上她自己随身带来的十两银子，全部给了卖书的老者，买下了那本书。而此时，李清照身上只剩下一件薄薄的单衣了。

其二：

有一年重阳节的时候，赵明诚在外地做官，李清照写了一首《醉花阴》寄给丈夫。赵明诚收到之后，对妻子作词的技术十分赞赏。但他却又不甘屈居在妻子之下，于是关上门，经过三天三夜的闭门苦读，终于写出了五十阕词，并把他妻子的其中几句词也掺入进去。他把这些词拿给他的朋友陆德夫看。陆德夫看了之后，说：这些词中，有三句写得最好。赵明诚连忙问是哪三句。陆德夫说：莫道不销魂，帘卷西风，人比黄花瘦。而这三句词，正是赵明诚加入他词作中的李清照的三句话。

考试链接

1. 下面对这首词理解不恰当的一项是（　　）

A. "风住尘香花已尽"交代了暮春时节的景象,借景抒情,烘托人物心情。暮春,就是一个最惹人愁思的季节。

B. "日晚倦梳头"用外在的行为间接表达了词人内心的哀愁之重。

C. "闻说双溪春尚好,也拟泛轻舟"写出了词人泛舟双溪的欢乐。

D. "欲语泪先流"是直接抒情的句子,把那种难以控制的满腹忧愁一下子倾泻出来,感人肺腑、动人心弦。

2. 上阕运用了哪种艺术手法来表达自己的心绪?

3. 下面两个句子都是写"愁"的经典句,请简要说出它们在内容和写法上的不同之处。

(1)只恐双溪舴艋舟,载不动许多愁。

(2)问君能有几多愁?恰似一江春水向东流。

(李煜《虞美人》)

编注者:李　楠

【参考答案】

1. C
2. ①借景抒情,通过萧瑟的景物"沉香花已尽"渲染哀愁的情感。②通过"倦梳头""泪先流"两个外在行为来写主人公内心哀愁。
3. (1)"只恐双溪舴艋舟,载不动许多愁。用夸张、比喻(拟)的手法,表现凄苦忧愁重得连船都载不动,形象可感地写出了"愁"之多。

(2)"问君能有几多愁,恰似一江春水向东流",用比喻(设问、夸张)的手法,将无形的愁化作有形的一江春水永流不尽,生动形象地写出了愁的多而绵长。

刘凌沧 《襄阳大捷》

西 江 月

[宋] 刘过

堂上谋臣尊俎①,边头将士干戈。天时地利与人和,"燕可伐欤②?"曰:"可"。

今日楼台③鼎鼐④,明年带砺山河⑤。大家齐唱大风歌⑥,不日四方来贺。

注释

① 尊俎（zūn zǔ）：酒器，代指宴席。刘向《新序》说："夫不出于尊俎之间，而知千里之外，其晏子之谓也。"
② 燕可伐欤：《孟子·公孙丑下》沈同以其私问："燕可伐欤?"孟子曰："可。""燕"借指"金"。
③ 楼台：指相府。
④ 鼎鼐：炊器；古时把宰相治国比作鼎鼐调味，古以之代相位。
⑤ 带砺山河：用《史记·高祖功臣侯者年表序》中"使河如带，泰山若厉（厉，通砺，磨刀石），国以永宁，爰及苗裔。"原典的意思是：即使黄河变得像带子那么窄了，泰山变得像磨刀石那么小了（意思永远不可能），诸侯的封国也将安然无恙，勋臣之富贵将永远传给子孙后代。这里表达了词人对韩□胄明年建立不世之功的祝愿以及企盼出师大捷、北伐胜利的心声。
⑥ 大风歌：汉高祖扫平四海，统一天下之后，以家乡少年一百二十人伴倡，齐声高唱大风歌。

古词今读

大堂之上谋臣正开宴，谋划已在千里之外，边疆将士早已手持武器。作战的自然气候条件具备，地理环境优越，且众志成城。"可以讨伐金国了吗？"说："可以。"

今日在楼台之上筹谋国政，明年建立不世之功。大家一起高唱《大风歌》，不需多日自可使四方来朝！

赏析要点

此诗创作于公元 1204 年（宋宁宗嘉泰四年）韩侂胄定议伐金，其用心是为建功固宠。当时南宋国用未足，军备松弛，人心未集，不久韩侂胄就挥师北上，结果大败而归。故这次北伐本身意义不大，但在主和派长期把持朝政，抗战派军民长期受压制之后，还是确实起到了振奋民心的作用，因此，受到朝中抗战派人士和全国军民的响应。刘过的这首词即是当年为祝贺韩侂胄生日而写的，词中表达了爱国军民企盼北伐胜利的共同心声。

上半阕写有利于北伐的大好形势，说堂上有善谋的贤臣，边疆有能战的将士，天时、地利与人和都对南宋王朝有利，因而伐金是切实可行的。对自己力量的自豪和肯定，是向当时朝野普遍存在的自卑、畏敌情绪的挑战。进入下半阕，由全国形势说到韩侂胄本人：先写今日治国，次写明年胜利。句中那胜利在握的豪情和壮志，不要说在当时存在巨大的鼓舞力量，即使如今读来，也给人增添信心和勇气。

刘过使用大量的典故，增强了词篇的表现力。如：此词上片"天时地利与人和"引用《孟子·公孙丑下》："天时不如地利，地利不如人和"的典故，这样，一方面使得它与前两句联系起来，另一方面也符合向韩侂胄祝寿的主题；其次，"'燕可伐欤？'曰：'可'"用了《孟子·公孙丑下》里的典故，把侂胄伐金和历史上的伐燕联系起来，既使语气铿锵有力，又巧妙地完成了向下片的过渡；下片中的"带砺山河"用了《史记·高祖功臣侯者年表序》中的典故，把韩侂胄暗中比作汉高祖的开国重臣，预祝他明年建立不世之功，却不露阿谀之态，深得寿词之三昧；"大家齐唱《大风歌》"用了《史记·高祖本纪》中的典故，容易想起"威加海内兮归故乡"的歌词，而这类歌词，对于山河破碎的国家，对于大批背井离乡的人民，对于求功心切的韩侂胄，无疑都是一种鼓舞。刘过的词语言流利、洒脱，具有辛弃疾词酣畅淋漓的情味。

作者掠影

刘过（1154~1206），南宋文学家，字改之，号龙洲道人。吉州太和（今江西泰和县）人，长于庐陵（今江西吉安），去世于江苏昆山，今其墓尚在。四次应举不中，流落江湖间，布衣终身。词风与辛弃疾相近，与刘克庄、刘辰翁享有"辛派三刘"之誉，与刘仙伦合称为"庐陵二布衣"。著有《龙洲集》《龙洲词》。

延伸阅读

刘过与辛弃疾之谊

刘过与辛弃疾交往颇深，后世传为佳话，宋元笔记中保留了多段二人交游的逸事。元人蒋正子的《山房随笔》细述了他们相识的过程：

辛弃疾在浙东为帅时，刘过慕名而来欲结交，门房见刘过只是一介布衣，坚决不让其入内。刘过与门房争执，辛弃疾听见声音召门房问话，门房添油加醋地说刘过是非，辛弃疾大怒，本想将刘过逐走，而此时陆游与陈亮正好在侧，却把刘过大大夸奖一番，说他是当世豪杰，善赋诗，不妨一见。辛弃疾这才让刘过进来，斜眼看他，冷冷问："你能写诗么？"刘过说："能。"这时席间正上羊腰肾羹，辛弃疾便命他以此为赋，刘过笑道："天气太冷，我想先喝点酒。"辛弃疾赐酒，刘过接过，大口饮尽，一时手颤，有酒液沥流于怀，辛弃疾就让他以"流"字为韵。刘过随即吟道："拔毫已付管城子，烂首曾封关内侯。死后不知身外物，也随樽酒伴风流。"

辛弃疾闻之大喜，忙请他共尝羊羹，宴罢后还厚赠他不少财物。

后来辛弃疾在京口为官，一日大雪，辛率众幕僚登楼观景，刘过出现时，敞着衣襟，穿着拖鞋，懒洋洋地就来了。辛弃疾大概很觉碍眼，有心刁难，便命刘过赋雪，并以"难"字为韵。不想刘过张口即吟道："功名有分平吴易，贫贱无交访戴难。"

辛弃疾赞叹不已，自此二人遂为莫逆之交。

是夕，二人微服登倡楼饮酒，正好遇上一位都吏在左拥右抱宴客作乐。都吏并不认得自己的上司辛大帅，自恃财大气粗，叫嚣着要包场，命左右随从把辛刘二人赶出去。二人未与其相争，大笑而返。辛弃疾随后称有机密文书要处理，点名要这都吏前来领命，而此刻都吏早已醉倒在温柔乡中，哪里还能连夜赶来。辛弃疾遂决定没收其家产并将其流放以示惩戒，都叟醒来吓出一身冷汗，病急乱投医的都吏打听到刘过缺钱，便一咬牙，掏出一万缗奉上，说是为刘过母亲祝寿，再请辛弃疾开恩。

辛弃疾此举是劫富济贫，同时也给了这位贪污腐败的小官一记漂亮的双重警告。然后辛弃疾自己出钱为刘过买了回乡的船，把万缗钱交给他，知道刘过用钱向来大大咧咧，还特意嘱咐说不要像平时那样乱用。

刘过大为感动，作了一阕《念奴娇》相赠：

知音者少，算乾坤许大，著身何处。直待功成方肯退，何日可寻归路。多景楼前，垂虹亭下，一枕眠秋雨。虚名相误，十年枉费辛苦。不是奏赋明光，上书北阙，无惊人之语。我自匆忙天未许，赢得衣裾尘土。白璧追欢，黄金买笑，付与君为主。莼鲈江上，浩然明日归去。

考试链接

1. 这首词表达了怎样的思想情感？
2. 这首词在写法上的主要特点有哪些？

编注者：黄世新

【参考答案】
1. 这首词使用多个典故，表达了词人对韩侂胄抗金的主张和挥师北伐的信心以及急需求胜的热切企盼与强烈的爱国心声。
2. ①从表现技巧上看，主要是化用典故，自然贴切，不露痕迹。本词四处用典，"天时地利"句、"燕可伐欤"句，出自《孟子》表达北伐的信心十足；而"带砺山河"、"大风歌"，又皆源于《史记》，表达词人对韩侂胄建立不世之功的祝愿以及企盼出师大捷、北伐胜利的心声。

②从表达方式来看，擅长使用散句，挥洒随意，如："燕可伐欤？"曰："可。"；且语言上，白话成词，俗语入句，如："大家齐唱"、"四方来贺"，就是日常用语。朗朗上口，浅近通俗。

③从结构技巧来看，由整体的大好形势过渡到对主将本人的关注，由面及点，衔接自然流畅。上半阕写有利于北伐的大好形势，堂上有善谋之臣，边疆有能战的将士，天时、地利与人和都对南宋王朝有利，伐金可行，表达对朝廷力量的自豪和肯定。下半阕，由全国形势说到韩侂胄本人：先写今日治国，次写明年胜利。抒发胜利在握的豪情和壮志，具有巨大的鼓舞力量。

编者的话

在悠悠几千年的历史长河里,中华古诗词是中华传统文化中最灿烂的篇章,熠熠生辉,光耀古今。古诗词不仅是中国人的精神基因,也是我们文化的筋骨,撑起了文化传承的半壁江山。为了贯彻中共中央、国务院关于加强中国传统文化传承教育的精神和教育部关于中小学语文教学中增加古诗文比重和素养的要求,我们编写了这套丛书。

编写一套适合新时代读者学习古诗词的丛书并不是一时心血来潮的冲动。我们志在发展一种新的学习载体和学习模式。我们的目标是既适合中小学生语文课后阅读拓展训练,也适合读者循序渐进的学习,既能通过纸质版阅读,也可通过移动端进行电子学习。为此,我们从学习者的生理心理发展与认知能力、学习者诗词鉴赏能力的进阶管理、语文课程标准与中高考备考要求、诗会与诗词竞赛等活动对古诗词素养的要求、在线学习与交流等多个维度上进行了立意,辅以古诗词中字音义的难度、篇幅的长短、理解难易度等方面的综合考虑,参考国际上语言类分层教学的成功模式,精心运筹,把丛书划分为十二个等级,编为十二个分册,也可以匹配基础教育的十二个年级。成书后,我们发现,这种学程进度管理和阅读分级也十分吻合王国维先生在《人间词话》中关于诗词的三个境界的宗旨。比如对词的样本的挑选,从十六字令、忆江南等小令到中调、长调,分段逐级编排。这套丛书,也是中国有规模的古诗词丛书分级阅读的首次尝试。

《中华最美古诗词360首》精选了380多首古诗词,时间跨度上起先秦下迄清末,吸取了近现代古诗词研究大家的学术成果和经典诗词选本的优点,力争把中国古典诗词领域最具代表性的作者及其经典作品选进来,重在发掘主流文化价值,畅咏家国情怀,赞美社会责任感,兼顾各种风格、诗品和类型,比如,山水田园、爱国思乡、边塞、羁旅、咏史、送别、闺怨等无所不包,从"明月松间照,清泉石上流"的山涧幽景到"忽如一夜春风来,千树万树梨花开"的边塞奇观,随着层级的递升,古诗词的内容越发丰富,一个个鲜活的诗词大家在不断走进读者的视野，一首首风格迥异的诗词，如画轴般徐徐展开。

本丛书虽然定位为一套普识性的诗词读本，但并不普通。本丛书汇聚三百多位一线名师的智慧和心血，不仅有详尽的注释、生动的古诗词今读，还有一线教师极具个性的解读、有趣的关联延伸阅读，更有为应对各类考试而准备的测试题目和部分可资参考的教学资料，高度匹配教学要求，吻合教学实际，是古诗词精读和深度学习的不二选择。

本丛书在诗词筛选与编注过程中得到了很多专家、学者的指导和帮助。中国阅读学研究会副秘书长刘立峰、《中国教师》杂志社田玉敏教授、光明日报《教育家》杂志社王俊文先生等人给予我们许多具体指导、论证和鼓励，在此我们表示衷心的谢忱；对参与本丛书编注的三百多位教师的辛苦付出与劳动表示衷心的感谢，对参与书稿审校的林新杰、尚荣荣等同志表示衷心的谢意，同时感谢刘权先生对本书的出版给予的大力支持。

把380多首古诗词的解读深化为12个读本，卷帙不小，耗时费力可想而知，疏漏和不足在所难免，诚请广大读者批评指正，并给我们提出宝贵意见和建议，以便再版时订正和优化，帮助我们不断改进和完善，不断提高本丛书的质量。延伸阅读等模块中有部分作品是教师推荐给学生的传统阅读名篇，雷同或错漏在所难免，在此深表歉意。我们与收入本书作品的作者进行了广泛联系，烦请未能联系上的作者联系我们，以便支付稿酬。

最后，需要特别指出的是，本丛书委托北京名狮教育科技公司加工制作了电子版，这也是传统出版物发展新一代电子辅助教材的有益尝试，十分符合国家关于大力发展新一代数字阅读的文件精神。购买了本丛书的读者，可以通过扫描书中的二维码在移动端免费听朗读、看诗词原文，但本书纸质版的定价中不包含电子版的制作成本支出，因此购买了纸质版的读者使用电子版时，除了听朗读、看原文及其注释免费外，阅读电子版的其他页面和模块需要另行付费，如有疑问，具体请与北京名狮教育科技公司联系。

联系方式：（010）88113200

本书编委会